U0547750

鲜花与美酒的杯盏

梵澄译丛·主编闻中

鲜花与美酒的杯盏

[印]斯瓦米·帕拉瓦南达 著

陈亚妮 闻 中 译

GUANGXI NORMAL UNIVERSITY PRESS
广西师范大学出版社
·桂林·

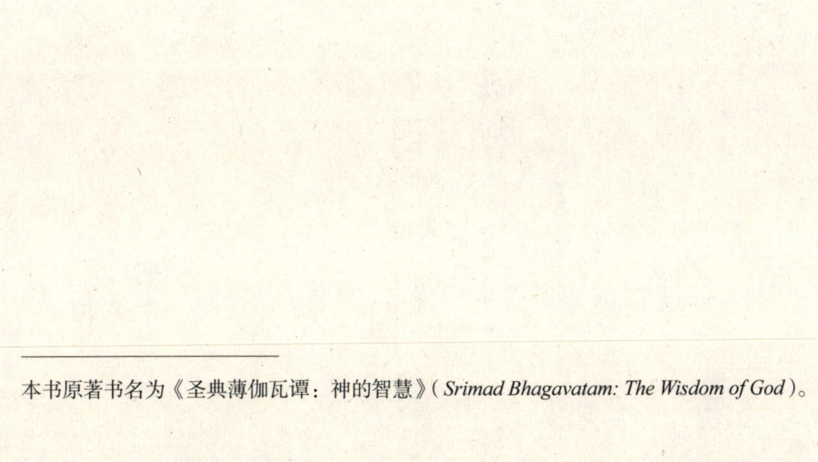

本书原著书名为《圣典薄伽瓦谭：神的智慧》(*Srimad Bhagavatam: The Wisdom of God*)。

译者序言

一

在印度几千年的文化传统当中，有两种根本的特质一直在人类的历史上熠熠发光：其一为伽纳那（Jnana）精神，即智慧传统；其二为巴克提（Bhakti）精神，即情爱传统。如我们所知道的那样，古时的印度人常常视人世为苦海，所谓“苦海悠深，船筏安寄”，故而有苦谛之说，为此，人们需要从苦中解脱，而 Jnana 与 Bhakti 这两种根本特质，就是为人们指向了解脱之路，前者叫作智慧解脱法，后者叫作奉爱解脱法。

智慧解脱法我们并不陌生，曾借助佛教，早在汉代就以“般若波罗蜜多法门”传入了中国，三国魏晋南北朝，沿流而下，一直到隋唐，更是风起云涌，直接促成了中国人的智慧高峰，譬如佛陀传授给他的重要弟子须菩提的《金刚经》就是一例，它是理性的，是哲学的，尤其是重般若智慧的；奉爱解脱法即 Bhakti 的传统，其精要常常会被我们忽略，这是一种借由情感而得解脱者，亦被唤作虔信瑜伽，或奉爱瑜伽，它含有一种神圣的爱情，与世间之俗情大为不同，乃是敬万物中之神圣者，其实就是一种宗教情感。而在印度，最能够表现这种精神的，主要是《薄伽瓦谭》，在十八部往世书（Purāṇa）中，此典深闳广大，最为著名，成书年代大体在公元10世纪，是颇晚近的一部典籍，为印度的毗湿奴宗之圣书，因其诗意的语言和哲学的深度，常常被认为与《薄伽梵歌》，甚至与《奥义书》享有同等地位。这一部无上秘典，从吠陀诸经诸传以及历代史乘中汲取了各种精髓，最后，则由传说中的毗耶娑仙人（Vyāsa）撰成此书。

《薄伽瓦谭》虽然是吠陀宝树上的甘美果实，其不朽的液汁也早为无数的印度人所嗜爱，可惜此典篇幅浩大，义理深湛，无论或读或译，都是不容易的。所以，就有一些具有现代精神的印度学者发心撰述，将古典的奉爱哲学之甘露含摄其中，撮其要，记其事，以崭新的故事形式重新编纂，于是，就有了我们眼前的这样一部浓缩了《薄伽瓦谭》精华的书，它精练而不失生动，义理丰赡，它是印度著名的学问僧斯瓦米·帕拉瓦南达（Swami Prabhavananda）的作品。这是一位具有世界影响力的作家，他的不少著作将印度的精神明白晓畅地介绍给了英语世界的读者。其出版的著作包括对印度主要经典如《薄伽梵歌》《奥义书》《瑜伽经》的英译和注释。其作品的最大特点，就是以极为清澈的语言，使古代的经典文本与现代人的生活相适应，让普通读者皆能鼎尝一脔，从中获益。譬如，我们手中的这一本书就是重要的例证。该书是以伟大的圣者苏塔（Sūta）歌人的口吻，将重要的印度传统哲学之精髓，借由一个一个生动的故事讲述了出来，让人美不胜收。

按照印度的传说，苏塔歌人的老师叫作叔迦（Śuka），而叔迦就是编纂《薄伽瓦谭》的毗耶娑的儿子，“当俱卢族的国君环住王（Pariksit）将要死去时，叔迦如何将它转述给这位神圣的君主。叔迦向环住王转述时，苏塔歌人也刚好人在现场，所以，他能够原原本本地叙述，在那个受祝福的时刻所发生的一切事情”。当叔迦向伟大的环住王讲述《薄伽瓦谭》时，这位伟大的国王正趺坐于恒河岸边，等待死亡的降临……

而整个大故事环环相扣，娓娓道来，就像是母亲在孩子们幼年时分所讲述的睡前故事一样，既温暖又启迪人心，令人心气高迈而不再被世俗所伤，如第七书中所云："穿着鞋子的人，能保护他的脚不被道路上的荆棘刺伤。同样，那些在任何境遇下都能知足的人，永远不会被生命之路上的荆棘伤害。"在每一次的寓意甚深的对话当中，几乎都会出现对神圣者的歌颂和赞美。人们从不同的角度赞美，有时候赞美人格的神，有时候赞美无形无相的非人格的神圣者，有时候直接赞美存在界的无穷奇妙。这些都是虔信者在沉醉或迷狂时情不自禁的真情吐露。而当我们静下心来，融入其中，也会发现自己亦在不知觉中收获满心的欢喜，备受奉爱甘露的祝福。

二

在翻译该典籍时，我们将人格神的第二人称，基本上都译成"你"，而不是"您"，一方面是考虑到称呼"你"更加亲密，另一方面，也与印度文化的奉爱传统有关。譬如我们所知道的，毗湿奴派的虔信者有五种不同的信仰心态：平静心态（shānta）、侍奉心态（dāsya）、友情心态（sakhya）、慈爱心态（vātsalya）和恋人心态（madhura）。就前两种心态的信仰者而言，显然还是与神保持着一个崇敬的距离。而后三种的心态，则变得愈来愈亲密、愈来愈私人化，即分别将神认作自己的朋友、孩子，甚至恋人。此书中所展开的神与奉爱者的关系，即如此亲密，这一点，完全不同于西方基督信仰的传统，所以用“你”来称呼神，更能表达奉爱者与神的密切性，以及彼此相爱相恋的浓烈程度。印度的辨喜尊者曾说：“因为我们人类之间任何一种关系都可以神圣化，所以，我们与神的关系也可以采取任何一种形式，譬如，我们可以视神为我们的父亲、母亲、朋友、爱人。称神为母亲比父亲更理想，而称神为朋友又比称为前两者更理想，但最高的理想，就是把神当作自己的至爱。当然，最重要的需要记得的一点就是，爱就是被爱，两者之间并没有区别。”

爱是神圣的，但它会有不同的表达方式，且深浅各有不同，将神作为我们的至爱，显然是最理想的关系，因为理想的爱情最易激起奉爱者殒身无悔的生命热忱。而带着这股强烈的热忱忠诚于最高的存在，将会激发出人类灵性当中罕见的炽烈而又高贵的人性之光，借以打破俗世的条条框框，解放出一颗自由的心灵，对神的爱情在其最为深切的时候，可以直接将人们引渡到更高信仰的彼岸。辨喜尊者曾提醒我们说，爱就是被爱，你对神的爱有多浓烈、多真挚，反作用于你的爱与救赎感也就会有多浓烈、多真挚。此言颇耐人寻味！

三

我们在翻译的时候，常常被书中的故事所触动，生出许多感慨，这些皆是灵光丰沛、富有哲思的寓言，读者朋友们大可有自己的解读和发挥，在此，我们简单讲述几例。

譬如，天地间的灵性使者纳拉达大师所讲述的“九门之城”这一则寓言，我们以此为例，展示此书巨大智慧的“沧海一粟”：

有一位名叫普拉涅迦那（Puranjana）的国王，四处飘游，希望寻找一处可以满足他愿望的落脚点。他来到美丽的九门之城，在这里，他与一位女子一见钟情，于是安居于此。国王的愿望虽也逐一实现，但却从未得到过真正的满足。正当国王沉浸在享乐中时，一名强大的将士袭击了九门之城。于是，他失去了一切，也丧失了所有的记忆，只记得妻子的模样。他就像失去本性的疯子，被妻子的形象牢牢支配着。然后，非常戏剧性地，他最后变成了与妻子一模一样的年轻女孩，爱上了另一个国王，直至对方老死，普拉涅迦那又陷入了新的悲痛。这时，一位婆罗门经过，开始他的教导……

在书中借由圣人纳拉达揭开密义，寓言大意是：其中的普拉涅迦那代表了原人，即神圣的自我；九门之城则代表了人类的身体，神圣的自我通过这一身体来享受感官的对象；妻子代表智性，与原人结合才能享受物质的世界；而强大的将士代表时间，他利用疾病和死亡摧毁了一切；婆罗门则是梵的化身，教导普拉涅迦那真正的知识——关于神圣自我的知识。

这则寓言故事告诉我们，人原本就是神圣、自由和喜乐的，没有性别之分。由于执着和私欲的作用，人们遗忘了自己的神圣本性，将非自我的种种属性叠置其上，从而沉迷于物质的享乐当中。而只有获得了真正的自我知识，人们才能将神性解放出来，体会到真正的喜乐和永恒的生命。书中是这样说的：

“带着信仰和敬畏，聆听神性的话语；经典揭示了神的真理，研习它，爱就会在你们的心中生长发芽。那些一直在啜饮圣言甘露的人是深受祝福的，因为他们摆脱了自私和骄傲；他们不再恐惧，不再妄想，不再痛苦。”

“人类最高的宗教就是将无私的爱献给神。若一个人拥有这样的爱，他将获得无上神圣的智慧。没有爱的知识是不结果实的。”

智慧和爱相辅相成，智慧净化心灵，摒除欲望和贪念，升起矢志不渝的浓浓爱意；而对神之爱，则又会为我们揭示出更多关于真理的知识。对于一般人来说，没有智慧的爱，也许会沦为“妇人之仁”的执念，失之偏颇；而没有爱的智慧，也许会铸就另一个希特勒，残害世界。像佛陀、基督、孔子等伟大的圣人，都是拥有大智和大爱的人，他们是东方最伟大的圣哲群像。

我们的老子也有过类似“九门之城”的提醒：“塞其兑，闭其门，终身不勤；开其兑，济其事，终身不救。”王弼注云：“兑，事欲之所由生。门，事欲之所由从也。”老子这里的“门”，与“九门之城”的“门”的意象一样，都指代着人类欲望的门径，“兑”大体同于私我意识的强化。而《说文》有释云“勤，劳也”“救，止也”，那么，老子传达的思想和《薄伽瓦谭》的“九门之城”之寓意就不谋而合了，二者皆在警告我们，欲望烦扰人的心性，只有从意识的源头关闭了欲望的门径，才能终止一切的身世劳苦。

《庄子·大宗师》里面的那句“其嗜欲深者，其天机浅”，大体义理也在这则“九门之城”的寓言中得以印证。感官指向外在；而亲证神性，或者说求道的路径，却需要一心向内，不假外求。当一个人越是沉迷于外在的感官追逐，他离自己内在的神性也就越远。

老庄这样的智者又何尝不是心有大爱的人。外在现实世界的烦扰乖谬，已不能扰动他们内在的生命境界，然而，若非出于对人世的一番深情，对黎民百姓的深切悲悯，他们本不必大费周章，在书写极不便利的年代留下了那么重要的智慧话语。我们更愿意相信，老子“无为”思想的提出，是为了提醒当时的统治者们，把安宁自足的生活还给百姓；庄子对儒家礼教的批判，是为了引导人们复归本性，活出逍遥诚挚的真实人生。老庄隐藏了他们的爱，衬出他们智慧的锋利。相比来说，印度的奉爱传统则更为柔和：智慧和爱，理性和感性，在虔信的精神中调和为一，并凸显了爱的救赎意味。

奉爱瑜伽是入世的，琐碎艰辛的世俗生活与空灵超拔的精神追求，两者并行不悖。为此，奉爱者们愿意接受自己现实人生的粗糙与不谐，面对世界的冷漠和险恶，依然身怀柔情，并能够不懈地追求精神境界的超拔，正如现代印度的奉爱经典《吉檀迦利》的吟唱：

“我生命中所有的粗糙与不谐，全都融入了这熙熙太和的生命乐章。我对你的崇拜，就像一只欢快的鸟儿，振翅飞过大海。”

另外，再譬如书中的那个“托钵僧的二十四位导师”的故事，也具有同样深沉的启示意义。这些导师其实是大地、流水、鸽子等极平常的事物，但它们却是觉悟者的导师。这是在提示我们，大道“费而隐”，真理寓于庸常事相，所以用心热爱生活的人也能够获得至高的真理，并超越于庸常世界的那一重重束缚。

奉爱瑜伽是一场爱的求道之旅，我们甚至可以说，虔信之爱就内含着中国人所谓的“尊德性而道问学，致广大而尽精微，极高明而道中庸”的深邃意味。奉行此道者，需要不断地研习与修炼，去觉解“人和至高者”的神圣关系；用智慧的火焰燃尽无明与私欲，让自己的心性“复归于婴儿”，觉悟存在界的“梵我一如”，如此就有望抵达爱的至高境界。然后，带着这样一颗觉悟的心灵，回到现实的生活，人世就成了一场神性的游戏（Avatar Lila）。

四

本书的后半部分讲述的是印度最重要的化身（Avatar）克里希那的事迹与教导，这里的每一段小故事皆富含机趣与哲理，并且爱意满满。在此，不得不提及牧牛姑娘与克里希那之间的纯爱，“每一个人对克里希那的爱都是如此的专注，让她们觉得自己已经与克里希那融为一体了——不仅如此，她们感觉自己就是克里希那。”辨喜尊者注释云，只有纯粹得一尘不染的灵魂，才能感知到这样的爱情。牧牛姑娘对克里希那的虔信之爱，不同于“情不知所起，一往而深，生者可以死，死可以生”所传达的世俗爱情，因其仍困缚于生死流转之间。而对神的虔信之爱，冥想神的故事（lila chintana），却让人们升起一颗超越悲情的欢喜心，因它不在人类的生死困局之内。在《薄伽梵歌》当中，克里希那曾是如此教导阿周那的：

“怀着坚定的虔信崇拜我，冥想我的人格形象，把我设为至上目标，把一切行动都献给我，我会很快把这些人从生死轮回的海洋中拯救出来。”

当然，这与印度文化传统中“灵魂不灭”的观念密不可分。印度人认为，当业力的捆绑终止时，灵魂将获得终极的自由，不再进入生死轮回。而当人们虔诚地忠于神，整个心灵都弥漫着为神献身的欢愉时，因为神的那种超越性品质，人类固有的束缚也就被一一解开，他意识到了真理，并知晓真正的自我，从而摆脱了业力的重重枷锁。

神人之爱，取决于人类心灵的品质，因为神的爱是不朽的，而人的爱却摇曳未定。此处，我们不妨举中国曾一度流行过一首扎西拉姆的歌为例，此歌叫作《班扎古鲁白玛的沉默》，颇近似于神人之关系，歌曰：

“你见，或者不见我，我就在那里，不悲不喜。

你念，或者不念我，情就在那里，不来不去。

你爱，或者不爱我，爱就在那里，不增不减。

你跟，或者不跟我，我的手就在你手里，不舍不弃。

来我的怀里，或者，让我住进你的心里，

默然，相爱。寂静，欢喜。”

据扎西拉姆的讲述，这首诗的创作，受启于莲花生大师的一句箴言：“我从未离弃信仰我的人，或甚至不信我的人，虽然他们看不见我，我的孩子们，将会永远永远受到我慈悲心的护卫。”挚爱之神就是这样，在生命情感的顶点迎候着我们，默默等待着人们的爱与证悟。当爱者的眼中，唯有爱的化身克里希那时，则存在界的所有脸庞，都会变成神的面庞，流徙于世俗中的灵魂烙上了圣爱的颜色，那么，他们无论做任何一件看似世俗的事情，都将会促成自己与神性的合一，当庄子说“其神凝，使物不疵疠而年谷熟”时，居然还有了意外的别样一解。但不管如何，两者皆含有体道的功夫与境界，则是类似的。

与人格神强烈而浪漫的爱的体验，是人神间的交流与无穷游戏的动力之源，最终也促成了一个一个生命个体求道的最终完成。这大概是最初的印度圣者以此种解脱法来对烦恼尘世展开的祝福。但我们也知道，在《薄伽瓦谭》的第三章有一著名箴言云：

“我作为内在的灵魂，栖居在每一个生命里面。如果人们只是借由神像来崇拜我，但却忽视或不了解我的这种遍在性，那就只不过是在装模作样。只是借着神像来崇拜我，但却不知道我以灵魂、以神性的方式，居住在每一个生命体内，此人显然还是无知的，这样的人，其祭献的黄油就像供奉到了灰烬中，而不是供奉到火里一样，毫无意义。”

这种对神的爱，却因神性的遍在，而让人们爱上了整个存在界之万有，这一点不但与《薄伽梵歌》的第九章所开启出来的奉爱宗精神无有轩轾，属于印度人提供出来的灵性食粮，同时，谁能说与中国庄周的泛神论思想没有一脉相通之处呢？

总之，当该书隔着遥远的语种，隔着陈旧的岁月时，如同晨星闪烁，甚是遥远；一旦成为我们手中的读物，我们就可以发现，它更像是一只满满的杯盏，杯中盛满的智慧与爱，如同美丽的鲜花与无上的美酒，让人一见钟情，一饮辄醉。

前言

在印度历史上，继《奥义书》(*Upanishads*) 与《薄伽梵歌》(*Bhagavadgita*) 之后，圣典《薄伽瓦谭》(*Srimad Bhagavatam*) 占据着印度文明经典中最权威的地位。通过描述化身、圣人、信徒和国王的生活故事，《薄伽瓦谭》使得吠陀的真理深受历代人们的喜爱。此刻，即有超过两亿的印度人在这本书里发现了关于他们最热爱的榜样和宗教信仰的至尊表达。研习此典，无疑是了解富有生气的印度宗教与文化的最好方式。

它无与伦比的优势就在于，它整合了人类的心灵和头脑，统一了奉献和研习、爱与智慧。“它在知识的油锅中煎炸过，”室利·罗摩克里希纳 (Sri Ramakrisna)——最近的印度先知在说到此书时评价，这是一本“沉浸在爱的蜜罐里面”的智慧圣典。

此典籍当中更普遍、更重要，其实也是更有趣的部分 (占了总数的一小半)，包含在我们手中这一个特殊版本当中。这一版本，有一半左右是圣典的概述与释义，而不是翻译；剩余的另外部分，则是由室利·克里希那 (Sri Krisna) 对弟子乌达瓦 (Uddhava) 的教导组成 (第十一书)，全书未被删减，并用畅达的现代文字表述出来。每一处梵文的内在精神的主体部分，都已经被翻译成了英文。

目前，就我的观察而言，迄今为止还没有任何一种形式，能超过《薄伽瓦谭》在讲英语的群体中流通的广泛程度。

在出版社修改我的翻译文档的过程中，我非常感谢我的朋友简–曼彻斯特（Jane Manchester）和弗雷德里克–曼彻斯特（Frederick Manchester）的帮助，感谢他们为该书付出的努力。

斯瓦米·帕拉瓦南达（Swami Prabhavananda)

目 录

第五书

第六书

第七书

第八书

第九书

第十书

第十一书

第十二书

第一书

引言

古时，一群圣人向一位著名的歌人苏塔[①]请求，希望他能教给他们灵性的真理，讲述关于室利·克里希那的神圣化身的故事。苏塔歌人已经彻悟真如境界，他的智慧已经彻底成熟，于是，他便开始讲述《薄伽瓦谭》——关于毗耶娑如何创作这一部神圣的书，且如何将其传授给儿子叔迦的故事；当俱卢族的国君环住王[②]将要离世时，叔迦又是如何将其传授给这位圣君的。苏塔歌人刚好也在现场，因此，他能够原原本本地叙述，在那个受祝福的神圣时刻所发生的一切。现在，他就要开始阐述叔迦受到的礼遇和国王对他提出的请求。

① 苏塔（Sūta），神圣的行吟诗人群体中的一员，他们唱诵和解释往世书时代（Puranic）的经文。文中的苏塔歌人就是乌格拉施拉瓦（Ugrasravas）——罗摩哈沙那（Romaharsana）的儿子。——原注

② 婆罗多大战后，般度五子的长兄坚战成为俱卢国王，都于恒河上游的象城。后来坚战王隐退，王位由其三弟阿周那之孙环住王继承。“往世书”中保留有俱卢族的王朝系谱，环住是战后俱卢族的第一代国王，在位时间约为公元前 9 世纪。古印度传说中所谓的“黑暗时代”（Kali Yuga，类似于黑铁时代）就是从环住王时代开始的。——译者注

第一章
苏塔歌人来到了飘忽林

在远古时代，飘忽林（Naimysharanya）中居住着几位伟大的圣人。有一天，他们坐在一起，在清晨的沐浴、祈祷和冥想之后，森林里面来了一位很有名的行吟诗人苏塔，他也叫乌格拉施拉瓦（Ugrasravas，意为“厉声”）。圣人们见到他欣喜万分，他们用无上的敬意欢迎他，并虔诚地给他献上了这样美好的词句：

“哦，无罪的人，你是一个自由的灵魂。通过你的古鲁（Guru）的恩典，所有圣典的精髓都已经传递给了你。这些教义将使全人类获益，请求你为我们揭示它。我们也渴望知晓关于室利·克里希那化身的神圣事迹。我们知道宇宙之主，出于娱乐和游戏，以及为了拯救人类的困厄，他在不同的时代化身为不同形象。人们通过吟唱对主神的赞歌，以及讲述主神的神圣事迹与过往，而让自己也可以变得无比圣洁。

“甚至，说出他的神圣名字，人们也能挣脱无明的泥沼而获得解脱，并且无所畏惧。恐惧再也不敢靠近这样的人。

“通过拜倒在主神的脚下，自我控制的摩尼们（Munis）变得如此完美，以至于那些和他们关系密切的人，也日益纯粹与神圣。

“神圣的恒河能洁净每一个人，因为她发源于主神的脚下。

“事实上，仅仅是聆听关于他神圣的工作和游戏的故事，就是一种身心的净化。所有这些伟绩我们都已知晓：但是，我们期待能听到更多更多。”

苏塔歌人满足了他们的请求，于是，这位伟大的圣者就这样回答他们：

“哦，尊敬的圣人，没有什么比谈论神和他的神圣游戏更伟大和更净化人心的事情了。人类最高的宗教，就是将无私的爱献给神。若一个人拥有这样的爱，他将获得无上神圣的智慧。没有爱的知识是不结果实的。宗教如果没有爱，那么它本身就是徒劳的。就算一个人竭其所能，为了灵性生活而精勤努力，但是，若他的心里没有爱，所有的努力都成了虚妄、空自劳苦。

“宗教并不是为了获得在天堂的一席之地。它是为了探究真理，而且它的理想是获得真理的知识，并实现它。

“知晓真理者宣称真理为无限者、为永恒的知识。《吠陀经》的追随者称其为梵（Brahman），金胎（Hiranyagarbha）的崇拜者称其为宇宙精神，信徒们则直接称其为神。

“自我控制、身心调御良好的摩尼们，心里充满了信仰和崇敬，他们已然意识到了真正的爱，发现宇宙自我就寓居在他们自身之内。哦，伟大的圣人啊，无论人们选择哪一个宗教，或遵循哪一条道路，只要他心中感恩，并爱着内在之主人，他就是受祝福的。

“神是所有人的避难所和坚强的后盾。因此，人们应当聆听他，崇拜他，唱诵献给他的赞歌，并冥想他。冥想就像一把智慧之剑，斩断所有恶业之缠缚。

“一个行善的人，若是常常与圣人生活在一起，他将逐渐获得宗教的信仰。

“当信仰降临，内心将升起想要聆听神之话语的饥渴。当这一饥渴升起，他发现他的世界里将满是喜悦。当这一喜悦诞生，那么，所有的罪恶将消失。然后，主，这位至尊者，这位神圣的朋友，他就揭示他自身，为人们除去一切的恶与杂质。

“当所有的杂质都被清洗除去，真理便尾随而至，对神产生一种永恒的爱情。在这一如此纯净的心灵之中，将再也不会升起任何世俗的欲望和贪求，而满是心灵的欢愉。

“当为主献身的欢愉充满了整个的心灵，人们便解开了世界的束缚。他认识了真理，并亲证了自我（Self）。他的私我意识将会彻底消融，所有疑惑皆被驱散。对于这样的人来说，业力的捆绑宣告终止。

“智慧之人应当无时无刻不爱着神，并在神之内发现这种无穷的欢愉。

“所有的《吠陀》所指向的理想，一切的奉献和瑜伽的最后目标，所有的工作、知识和苦行，一切宗教的真理，即是这种神圣的爱情。除此之外，别无他物。

“主神，尽管无形相、无属性，并超越三德（Gunas），他通过神圣的摩耶（Maya）投射出了整个宇宙万有。宇宙诞生之后，他寓居在一切的存在与事物之内。但是，他却丝毫不受宇宙的影响，因为他是最纯粹的意识本身。

“正如水一样，尽管它本身是无形的，当它倒入不同形状的容器时，却依着容器而呈现为多样的形状。同样地，主神，这一宇宙之大灵，就呈现为各种各样的身体形式。这爱的主人，为了他的欢愉、他的游戏，就设定了无数的形相：神明、人类、动物、鸟雀，以及其他一切有生命的与无生命的事物。无限即是神，无限是他的表达。

“但是克里希那，这爱和神性的化身，是神的独特显现。

“无论何时，当人世间的真理被遗忘，邪恶当道、肆意弥漫时，主神就会化为人身，为人类指引道路，宣扬真理，并显示理想生活的榜样。这样的化身，即神在地球上的化身。

“人是神圣的。事实上，每一个人都是非人格化的真理。因为他的本质，就是纯粹意识。由于摩耶的限制，人类便陷入无知，认为自我就是这一具粗糙的肉身。

“这就像飘浮在虚空中的云，人们出于无知而认为它就是天空；就像地球上的灰尘，当它被风吹起，人们出于无知而认为它就是大地；同样地，身体和心意，也因人们的无知而被认为是自我。

“我们有物质性的粗糙身。我们也有精微身，它是由心意、智性和私我组成。这些身体都是灵魂或自我的附属。由于无明，人们却以为这些附属与灵魂同一，从此，他就被自己的一切善恶行为束缚住了。

“当他求得知识，并感知到粗糙身和精微身只是附属之物，与真实自我相互分离，他亲证了梵，意识到梵的自由境界。他自己就成了梵，并在他自己的荣耀中发出喜乐的光芒。

“这一全知的主人，他尽管超越了出生、超越了业力的捆缚，却出于自愿，选择了以人类的方式诞生，并将自己显现为克里希那，或罗摩（Rama）。这些神圣的化身，与普通的人类之间有着巨大的区别。他们虽降生为人，却是带着自我的知识自由地降生人世。尽管外表也受限于人格的形式，但他知晓自己正是非人格的、是内在于一切存在中的精神主人。就像舞台上的演员，他不会受到自己所扮演角色的真正影响。

“无知的人，想要明白神的荣耀和权能，实在是困难的。只有那些带着爱，带着虔诚之情来敬拜和冥想于神圣化身的人，在他莲花双足的祝福之下，此人才能认识真理。

“哦，汝等圣人，你们也是受祝福的，因为你们深爱着主神。如此深爱主神的人，确实就是自由之人。

“哦，可敬的圣人们，我现在就要告诉你们，我所听闻到的《薄伽瓦谭》。它原是由圣人毗耶娑编纂而成，其中凝聚了所有圣典的精髓。毗耶娑仙人就将《薄伽瓦谭》教给他的儿子叔迦——一位非常睿智，且享有盛誉的年轻人，叔迦又将它的要义传授给了国王环住。这位虔诚的圣人，被那些有学识、有智慧的婆罗门（Brahmins）围绕着，他静坐冥想，把自己的身体献出，十分虔诚，全神贯注地聆听着神圣的语词。”

众圣人当中，苏纳卡（Saunaka）是最年老者，当他听到叔迦的名字时，就再也无法保持沉默了。

“尊敬的主人，”他说道，“恳请您告诉我们叔迦仙人受教导的那一本关于神的书吧！毗耶娑是在何时，并是如何编写它的？那是何等富有意义的事情啊，当叔迦成为第一个传播它的教义的人。叔迦是毗耶娑仙人的儿子，也是一位真正的瑜伽士，一位知梵者，他已然意识到了‘太一寓诸万殊’。他的心意和意识，永远与神是合一的境界。他自从过上了弃绝的生活之后，就失去了对身体的觉知。我们已经听说了，他曾经是如何赤身裸体地在人间走动的。有一天，他走进一座森林，经过了一个湖泊，正好有几位仙女于湖中沐浴，她们看着他走了过来，丝毫不觉得害羞。

“但是，当毗耶娑仙人随后走近时，她们立刻走出了水面，并穿好衣裳。这一幕让这位圣人颇感惊讶，他问众仙女：‘为什么你们表现得这么慌张，我的孩子们？年轻的叔迦赤裸着身体，你们却并不回避；现在，在一个衣冠整齐的老人面前却感到如此害羞，这是何等奇怪之事情啊！’仙女们回答道：‘尊敬的长者，在您的身上尚有一丝性的意识，但是，在你的儿子叔迦身上，却一丝一毫也没有啊！’”

就这样，在圣人们的再三请求下，苏塔歌人欣然答应了圣人们的恳切心愿，并开始了他悠长悠长，而又充满了爱的故事之讲述：毗耶娑仙人是如何下定决心，要书写《薄伽瓦谭》，以及他如何教导他自己的儿子——神圣的叔迦仙人，如是如是。

第二章
毗耶娑和纳拉达

伟大的圣人毗耶娑，正坐在喜马拉雅山中的巴达利卡修道院（Badarika Asrama）里冥想，他通过自己的灵性之眼看到一个巨变正在降临，这是一个划时代的变革，世人因此而将变得更加庸俗，并遗忘了所有的灵性真理。他深深地沉思于此，并思索着自己应该做一些什么事情来帮助人类。

最后，经过一番思索与冥想之后，他决定汇集吠陀智慧。他先将《吠陀》分成四部分，教给他的门徒们。然后，为了让吠陀的教义能够适应所有人的理解力，他写了最伟大浩瀚的史诗《摩诃婆罗多》（*Mahabharata*）。

所有他为人类而做的这些善行并没有让他感到满足。他觉得自己并未完成使命，这个世界还需要更多的东西。有一天，当他正在沉思还能否进一步为服务人类做些什么时，伟大的圣人纳拉达（Narada）出现在他面前。毗耶娑想，也许他能从圣人那里得到一些宽慰，于是说道：

哦，最尊敬的圣人，虽然我已获得了最高的真理和生命的圆满，但是，我的心担忧着人类。您是拥有伟大智慧的圣人，了解所有人的想法。请告诉我，我应该如何做，才能将真理带给人类？

纳拉达

毗耶娑，在同龄人中，你是最富有智慧的。这个世界需要另一本伟大的书，它将出自你的智慧。写下它吧，让每一节诗篇都来歌颂主神的荣耀，将对主神伟大的爱注入人们的心胸。因为在你的身上带着伟大的真理——没有比这更伟大的事情了——在自由的灵魂中，爱与知识已经融成了一体。为了将这一真理完美阐释出来，将再次讲述室利·克里希那——人类挚爱之神的神圣生活。神圣的爱，会将我们从一切罪恶与不洁中拯救出来，它是至高无上的。至高的爱和至高的智慧本来就是一体。那么，歌唱吧，歌颂主神的荣耀，歌唱他的诗篇，如此阅读或聆听你的语词，对主神的智慧和爱立即会在所有人的心中升起，同时住进了神的永恒宁静。

现在让我告诉你，我的前几次化身，以及我是如何发现这本自具足的神圣的自由和宁静的。我的母亲是在圣人们居住的隐居地当仆人。我的成长与圣人们的关系很密切，我也需要服务他们。当我以这样的服务生活在圣人的社会中时，我的心灵得到了净化。这些圣人总是歌唱主神的荣耀与赞词。我常常听，并因此从内心里面生出了对主神的挚爱，并献身于他。

有一天，圣人们出于对我的疼爱，向我传授神圣而神秘的智慧。无明的面纱被揭开了，我知晓了真实自我正是神圣本身。

随后，我研习了这一学问，对于生命中的所有病痛，无论是身体上的还是精神上的，最好的救助方法，就是将我们所有的业力之果实献祭给主神。业力将我们置于种种束缚之中，但是，若我们将业力交给主神，便获得了自由。工作若为服务于神而做，我们心中就会产生爱和奉献。而爱和奉献又将带来智慧。最后，在智慧的引导下，我们将自己交给挚爱之神，并冥想他。我就是这样获得了智慧和爱，并且现在我很希望你们能够歌唱神的荣耀和赞词，所有听到的人也会像我一样，发现永恒的喜乐和自由。

毗耶娑

继续说吧，哦，纳拉达，我祈求您，说说您的生活吧。

纳拉达

我一直与圣人们居住在一起，直到我的母亲去世，我离开了隐居地并四处游荡，拜访了不同的国家、城市和城镇。最后，我走进了一座幽深的森林，去寻找我的孤独。在一处安静又孤寂的地方，我坐于一棵大树之下，记起了圣人们曾经的教导：神寓居于我的心中。所以，我沉浸在主神的爱里面而遗忘了整个世界，只是一心冥想着神。当我的内在视界逐渐变得清晰，我看到慈祥的爱神就坐在我心中的至圣居所之中。我被无法言喻的喜悦所淹没，因为我再也不会觉得自己与神相互分离了——我已经意识到自我与神的统一。但是，这一状态并没有持续很久，我再次发觉自己处在感官的世界中；现在，唉（alas），当我热切地渴望再一次抵达这一幸福的状态时，似乎不可能再做到了。随后，虚空中传来一个声音，似乎是主神在安慰我：

"我的孩子，此生你将不能再见到我。那些还没有将欲望淬炼的人不能看到我；但是由于你对我的忠诚，我赐予你这一次经验。献身于我的圣人们逐渐放下了所有的欲望。与圣人同居，伺候他们，并将你的心意附着于我。这样做之后，你将最终觉悟到你与我的统一，并且不再与我分离，你将不再遭遇死亡或毁灭。"

听完这番话，我满怀敬意和感激，向这个声音鞠了一躬，从此，我就游荡在了众多国家，歌唱着神的名字，冥想他，歌颂他的荣耀和赞词。

在适当的时候，我弃下身体，与主神合而为一。我在这一幸福的结合中整整生活了一个周期。[①] 在下一个周期的开端，我就被送达这个世界，过着纯粹的生活，并将继续如此。借由主神的恩惠，我能够穿梭于不同世界的任何一个地方。无论去哪儿，在哪一个世界，我都会弹奏着维纳琴，传递神的赞歌。神之爱充满了我的内心，那些听到我唱歌的人，无不感到平静与自由。

纳拉达讲述完他的人生故事，向毗耶娑告别，便走开了。

在纳拉达离开之后，圣人毗耶娑就前往尚雅普拉萨（Samyaprasa），这是位于神圣的萨拉斯瓦蒂（Saraswati）河岸的隐居圣地。他坐在那里冥想，他的心意因对神的爱而深度凝聚，然后，他看见了全能的父母神。他意识到，人类虽然本质上是神圣和自由的，但是无知的信仰捆绑了他们自己。然而，人们通过对克里希那——挚爱之神的虔信，无明将得以驱散。真理充盈着他的内心，毗耶娑为天下苍生写下了这本圣书《薄伽瓦谭》。他将这一智慧传给他的儿子叔迦——一位

① 根据印度教的神话观念，宇宙之形成、维持与消融只是一个不断地重复的过程。当宇宙开始演化，一个周期开始；当宇宙消融，一个周期结束。——原注

生而纯洁，并不沾染一丝尘世欲望的人。

现在我必须跟你们讲讲环住王，它是英雄阿周那（Arjuna）的孙子；我还要再跟你们说说，当时叔迦遇到这位国王，并教导他《薄伽瓦谭》的那个神圣的场景。

第三章
环住王遇见卡利

有一天，环住王——全印度的统治者，正坐在萨拉斯瓦蒂河的岸上。他看到一个男子虐待一头公牛和一头母牛。这一残忍的行为惹怒了国王。他要求男子对其暴行做出解释，同时告诉男子，他完全可以利用王权将男子处以死刑。然而，还未及等来此人的答复，国王已经被这两只因恐惧而簌簌发抖的动物转移了其视线，他就用仁慈的语言安慰它们，和它们亲切交谈，很快引发了它们的信心和信任。

正当国王沉思公牛的困境，并颇感纳闷，究竟是谁将它的几条腿砍去，这头公牛——达磨的化身，开口说话了：

“尊敬的国王陛下，我们非常感谢您善意的保护。您对我苦难的原因深感好奇，但是我也不知晓这苦难之因。世人对我的疼痛和遭遇持有不同的意见。有些人说是我们自己引起的快乐和悲苦；其他人说是由于恒星或行星的状态造成的——或者说是偶然之事，命运之故；还有人说只是羯磨（Karma）的作用；更有人觉得是神将快乐和苦难加在我们身上。我不确定哪个观点是正确的。”

听着公牛说的这番话，国王惊讶不已。然后，他借由这些语词进入了深深的沉思，当他沉思时，一道面纱从其面前移走，他就双目明亮，认出了这头公牛实为道德的化身，而旁边的那头母牛则是地球的化身，那个虐待它们的主人，却正是大神卡利，是这个黑铁时代，或者说罪恶时代的人格化身。

于是，他对着这头公牛说道：

“你实乃达磨之化身，呈现为一头公牛的外形。你的四只脚是苦行（austerity）、纯洁、慈善和真实；但是，当怀疑、欲望和骄傲进驻这个世界后，你失去了三只脚。如今，你单脚独立，所立之足是‘真实’，而这位男子卡利——铁器时代的化身，试图损伤仅剩的这只脚。”

把这些话说完，国王就手持宝剑，向卡利走去，准备将他杀死；但卡利跪倒在他脚下，祈求原谅和宽恕，卡利知道，国王不能杀死任何一个请求他保护的生物。国王控制住自己的手，但是命令卡利立刻离开他的王国。卡利就要求国王将犯有四种罪——即那些遍地都是赌博、醉酒、虐待妇女与动物——的地方交给他掌控。国王满足了他的这一要求。在这之后，卡利又希望扩展他的领地，以获得更多的地盘，最后，国王附加给卡利的还有充满虚伪、骄傲、贪婪、嫉妒和敌意的地方。

因此，只要一个人不想让卡利统治，那么，他就必须避开这些恶习。

然后，国王为公牛恢复了所有的腿，让它在苦行、纯洁、慈善和真实的美德中坚定地站立起来。

第四章 环住王被诅咒

一天，环住王正在一座深林里打猎，他很口渴，到处找水，他发现了闻名遐迩的圣人沙弥迦（Samika）的隐居处。圣人闭着眼睛，安详地端坐冥想，他的感官、心意和智性都处在完美的控制之中。他既非醒，亦非梦，也非深眠。他处在三摩地（Samadhi）中，在这一状态中的人将意识到自我意识与梵的合一。他的四肢纹丝不动，躯干稳稳地竖立，有一种完美的宁静。

国王看到了圣人，因为没有察觉圣人的状态，且非常口渴，他请求圣人给他一些水。圣人沙弥迦并没听到或看到他的请求。国王以为圣人是故意忽视他，心中冒出一些怒火来，他没有耐心再等等圣人的回复，突然，就捡起边上的一条死蛇，生气地扔在了圣人的脖子上，而圣人丝毫未曾察觉，仍处在深度的三摩地中。国王于是便疾步走开了。

圣人沙弥迦有一个儿子，名叫独角（Sringi），他一出生便秉赋神力。当独角仙人得知自己的父亲遭受侮辱，并且看到那条蛇还挂在父亲的脖子上时，他就愤怒不已，流下泪水，他诅咒国王道：“国王侮辱了我的父亲，他必须为此付出沉重的代价。七天后，他将被蛇咬死。”

当圣人从冥想中醒来，看到自己的儿子在哭泣。他温和地说：“儿子，你为什么哭啊？有人伤害你了吗？”

这个男孩就告知父亲事情的原委。当圣人听到了他发出的诅咒，就非常难过，他说道：“我的儿啊，一个错误并不能由另一个错误来纠正。可现在，唉，诅咒已经无法收回了。一个婆罗门的话语一旦说出，就不能撤回。顺由主神的意思吧，让所有事情都在他的掌控之中。”

第五章
环住王遇见叔迦

当国王返回王宫，因为自己对圣人做的虐行，内心满是懊悔。他很快得知了独角仙人对他下的致命的诅咒，心中一喜，因为这诅咒似乎是祝福的乔装打扮。“我将从自己的恶行中获得解脱，”他对自己说，“而且，我对短暂的享乐和权力的巨大依附，将因死亡的念头而被治愈。我已对这个世界投入得太多，剩下的日子里，我应当专注于主神。”

于是，国王将他的王位和财富都赠给了他自己的儿子镇群王（Janamejaya），前往神圣的恒河边上居住下来，心意集中于克里希那——挚爱之神，平静地迎接他生命的终结。众多圣人来到了他的身边，他请求他们的祝福。“我屈身拜倒在所有神圣的婆罗门脚下，”他说，“祝福我吧，愿我拥有对无限之主越来越多的爱。无论下一世，我降生成什么，祝愿我永远与圣人们相互联结，永远怀着对主神真挚的爱。这是我唯一的祈愿。”

当他的心意完全摆脱了一切世俗的依附，当他的心灵因渴望神爱而得以净化时，他感到无比的安详与宁静。他被众圣人环绕，交谈着关于神的一切往事，毗耶娑的儿子叔迦走进了那个集会。叔迦，虽然年仅十六岁，却有着百岁长者的知识与智慧。他长相俊朗，散发着不可言喻的优雅。他容光焕发，眼里闪烁着智慧的光芒，仿佛要洞穿整个无限。他的身上没有任何种族的印记。实际上，他能够无拘无束地漫步于任何一个地方，就像鸟儿自由翱翔一样，整个天空都是他的家。因为叔迦是一个真正的知梵者。

当他走进集会，所有的人都肃然起敬，纷纷起来向他行礼。环住王双手合十，俯倒在叔迦的脚下，说道："哦，伟大的圣者，您的出现就是给我最大的祝福。请您教导我，作为一个渴望解脱的人，我该履行什么样的责任。请您告诉我该如何找到神。"

叔迦，他知晓所有的宗教和真理，于是应允了请求，开始他的教导。

第二书

引言

苏塔歌人继续他的陈述，开始滔滔不绝地复述着叔迦的话语，就像是从他自己的智慧中出来一样，那些教导环住王的话语。

第一章
崇拜与冥想

哦，国王，你是受祝福的，因你已经发展出了对真理和自由的渴望。极少数人会去探究这些事情。大多数人忙于获得物质享受，并将他们的大部分精力花在供养自己和家庭上。世间的一切不断消逝，即使这是普遍经验，人们依旧依恋着世俗生活的梦境，而遗忘了唯有主神才是永久长存的道理。

人类诞生的伟大和荣耀在于，人类被赋予了区分自我和非自我的能力，并有权利练习瑜伽八支（Ashtanga Yoga）；而与挚爱的神于意识中合一的境界，是人类生活的最高目标。

我们生活中的这些瞬间确实是受祝福的，比如，当我们念想和祭拜神之时；而余下的所有时光均被荒废了。除了爱着神、为神服务，其余都是徒劳，毫无意义。

避免一切对死亡的恐惧。拿起锋利的弃绝之剑，切断与世间的所有联系吧。

坐于僻静处，远离世间的一切喧嚣，人们必须用意念重复吟诵神圣音节 OM，并要理解它的含义。OM 与神合一，或者说 OM 就是神。仅仅通过这个练习，一个人就能获得对能量（Prana）和心意的控制。

他应当以分辨力为指导，在心意的帮助下，将感觉和感觉器官从物质世界中完全脱离出来。现在，让信徒冥想主神吧。让他完全专注于神。当深度的专注发生，平静就会升起，这是超越性的喜乐状态。那是至上的目标，是毗湿奴（Visnu）的居所，也是神的乐园。

如果心意受到干扰，再次变得焦躁不安，比如被罗阇（Rajas）掌控，或者被答磨（Tamas）迷惑，那么就通过对专注的练习，学会再次控制它。这一练习将涤去从罗阇和答磨而来的所有杂质。先知们和瑜伽士们，对专注的艺术掌握得炉火纯青，他们在灵性生活中发现了极大的乐趣，最终与神圣而遍在之爱融合为一。

一个真正的智者，即使生活在世间，他也不会依附于它。他不会去追逐物质的欲望，因为他知道，真正的快乐不在感官享乐之中。他也不会花费精力去满足身体的安适。他睡在大地母亲的膝上，天空是他的屋顶，草地是他的眠床。大自然为他供给食物，河流供他饮用。他不崇拜地球上的财富，也不崇拜那些被财富的力量所陶醉的富人。

爱神寓居在每一个人的心中。他正是我们每一个人的自我，所以，对我们来说很重要、很亲近。他是真理，他是无限者，他就是万能之主。所以，人们应当摒弃私欲，只需专注于神，并崇拜他。

哦，国王，神就寓居在你自己的心灵圣殿之中，冥想他吧，并在神圣存在的意识中消融自己。

第二章
获得自由

一位真正的瑜伽士正平静地处在瑜伽坐姿中，他意识到了死亡的临近，因其心灵纯洁，且其心意得到了完美的掌控，他完全专注于梵的意识。如此，他便生活在完美的平静状态之中。

支配宇宙万物的时间，这伟大的毁灭者，虚无了。宇宙自身融入了虚空。瑜伽士再也意识不到他自己的身体。只有崇敬的主神毗湿奴留在他的心中。对他来说，一切皆是神。他沉浸在无上的喜乐之中。

为了弃绝身体，他运行他的生命能量（vital energy）流经不同的意识中心。首先，能量集中于太阳神经丛（solar plexus），叫作“脐轮”（Maṇipūra）。能量从此处发源，升至位于心脏的意识中心——“心轮”（Anāhata）。随后再流经咽喉附近的意识中心——“喉轮”（Visuddha）。再从那儿上升到“眉心轮”（Ājnā）——位于眉间的意识中心。

在这一时刻，有两种可能性将会发生。

如果这位瑜伽士已无欲无求，他将意识到绝对之梵，且生命能量将会抵达“顶轮”（Sahasrara）——位于大脑中的千瓣莲花的中心，被叫作“梵之门”。随后，瑜伽士便会意识到自己与梵合一，完成自我与感觉、感官、心意和身体的分离，然后离开人世。他抵达了绝对自由之境。这叫作“即刻解脱”（immediate liberation）。

如果这位瑜伽士仍心存欲念，那么当生命能量升至眉心之时，他开启不了“梵之门”，但在离世之际，他的自我仍将与心意和感官相结合。然后，他将升往越来越高的世界（Lokas），最后抵达梵界。在那里，他摆脱了所有欲望，并且意识到自我与梵的合一；而在他获得了绝对自由之后，不会再有其他返转。这叫作“渐次解脱”（gradual liberation）。

哦，国王，你是一位瑜伽士，通过崇拜爱之神，你将实现所有的愿望，并最终获得解脱。甚至，聆听神之话语，也会激发更高的意识，并脱离这稍纵即逝的无常世界。所以，人们应当循着自由之路——这爱之路，勇敢前行。献身于对主神崇拜的人，确实是有福之人。

第三章
叔迦对主神的祷告

“哦，至高无上的主神，我臣服于你！

为了你唯一的乐趣和游戏，你创造了宇宙。

你是最高中的最高者！谁能歌唱你无限的荣耀？

你是每一颗心灵最深处的主人；

通往你的道路是秘密的；

指向你的居所是受祝福的。

你拭去了所有信徒的泪水；

你摧毁了罪恶之人的罪恶。

你的形体就是纯洁本身，你将纯洁与自我知识慷慨赠予那些寻求你的人。

我一次又一次地向你致敬，哦，万王之王！

我赞美你，哦，主神！

你是所有崇敬你的那些人的力量来源，是他们最坚实的后盾；

你只显现在一切真正的瑜伽士的心中；

为恶者永远发现不了你。

你是独一无二的。

你在自己的荣耀中，在你灿烂的、喜乐的自我中，光芒四射。

一切的美好，都是对你的称呼！

一切的喜悦，都是对你的记忆！

那些唱诵你的圣名并冥想着你的人，将永远摆脱一切的罪恶；

那些俯倒在你脚下的智者，将征服一切生活与死亡的恐惧：

他们这样领会你，你是一切真正的探索者的至高目标。

在你面前，没有任何种姓、种族或宗教的隔阂；

你所有的孩子，通过念诵你的圣名而获得纯净。

平静的灵魂们崇拜你，因他们知晓自己与你是一体的。

你是至高无上的主神，

你是真正的吠陀（Vedas），

你是真理，

你是一切自律的终极目标；

爱你的人冥想你的喜乐形态，随后便沉浸在喜乐当中。

向我展示你的恩宠吧，哦，我的主神，在你的仁慈之下，你如此地看顾着我！

你是财富之神。

你是造物的主神。

你是所有爱者和信者的主神。

用你的慈悲，看看这一切的存在者！

冥想你莲花双足的人有福了，

因为他们应当是纯洁的：

纯洁的人有福了，

因为他们应当获得自我的知识。

智者称你是非人格的，没有属性的；

他们也说你是人格神，带着神圣的属性：

两者皆是你，你可以自由地将自身显现为其中之一，

完全取决于我们自己的体悟。

哦，主神，你是永远这样慈悲地看着我！”

是的，叔迦继续向俱卢族国君环住王讲述着，主神是苦行（Tapas）的化身，并且只有实践苦行之人才能觉悟到他。

据说，当梵天（Brahma）渴望创造时，他急切地寻求能从中汲取所需力量的知识。正当他忙于求索之时，虚空中传来一个声音：“苦行。”听到这声音，他吃了一惊，四处张望，却并未发现讲话者。他明白了，这是神的声音。所以，为了与神的旨意一致，他开始实践苦行，调控呼吸、感官与心意。就这样，他修炼了无数岁月。

最后，梵天对待苦行的忠贞不渝之奉献精神感动了神，于是向他启示了逍遥居（Vaikuntha）——神的居所，在那里，没有悲伤，也无恐惧。梵天看到了神的真实本性，领会到神的挚爱以后，神这样对他说：

“哦，首现者，我的确对你很满意。最高的善，至上的目标，都是为了知晓真实的我。因为依靠我的恩典，你才知晓我，并知道了我最高的居所。

“哦，无罪者，当年你听到的那个声音‘苦行’，正是我的所言。苦行是我的心，是的，甚至是我的灵魂。正是借助苦行的力量，我创造、维系与消融整个宇宙。苦行是我的力量所在。在宇宙形成之前，

我便已存在。当宇宙消失，我依旧存在。我在宇宙的中心，贯穿宇宙存在的整个周期。我就是这一切。永恒——无始，亦无终——这就是我。”

所以，国王，如果一个人渴望知晓真理，他必须实践苦行。

第三书

引言

苏塔歌人继续他的讲述，告诉众人叔迦如何向环住王传授神圣的《薄伽瓦谭》，并跟着他念开头一章。在接下来的章节，弥勒（Maitreya）向维杜罗（Vidura）述说创世的故事，以及摩奴（Manu）、沙塔鲁帕（Satarupa）[①] 和迦毗罗（Kapila）等人类最初的祖先们生活的故事。

① 根据神话，沙塔鲁帕是梵天创造出来的第一个女人，是创造第一个男人摩奴之后的事情。据说，梵天非常喜欢她，以至于目不转睛地盯着她。为了能看到她的一举一动，梵天又长出了三个头，每个方向一个。于是，沙塔鲁帕飞上了天空，梵天又长出了第五个向上看的头。这一行为的始作俑者就是欲望之神卡玛。因为他向梵天射出了一支箭。——译者注

第一章
维杜罗和弥勒

现在，叔迦继续说道，我将开始教导最神圣的《薄伽瓦谭》，关于维杜罗和弥勒的一场著名的对话。

维杜罗和弥勒，是名扬四海、天下皆知的圣人，他们也是室利·克里希那的信徒。维杜罗在非常年轻的时候，就已经舍弃了世俗的生活，前往不同的地方朝圣。他始终坚定地想念着神。他有着自由的灵魂，在对神的爱中得以圆满。弥勒同样有着自由的灵魂，他通过自身的艰苦努力，已经领悟了最神圣的智慧。

在一次流浪的途中，维杜罗遇到了弥勒，他当时住在哈德沃（Hardwar）[①]。他们相见恨晚，两颗心在神圣的爱中一起融化了。他们谈论着神，度过了许多愉快的日子。

有一天，维杜罗被一种强大的灵启充满，他如此开口道：

哦，伟大的圣人啊，尽管人们四处奔走，寻觅幸福，却总要遭受不幸的命运。有什么方法能够改善他们的境况吗？恳请你告诉我吧，

---

① 哈德沃，印度喜马拉雅山之山麓的一个著名圣地，其意义为“通往神圣之门”。——译者注

究竟如何才能够为人类带来最大的好处。

有些人因为过去的罪业，陷入邪恶的追逐当中，不愿花更多时间在念想或崇拜神的事情上。就是因为这样，他们才会遭遇种种苦难。但是，如你一样的圣人，弥勒啊，只是一心专注地爱着神，只为人类的利益而生活在这个世界上。恳求你教导我永恒的知识，让神与他的爱借此显明在众生的心中，人们也因此得到永恒的喜乐。

再告诉我关于宇宙诞生的故事吧。这些都非常有趣，能够让人们了解这绝对的实在——神究竟是如何变成这样一个丰富多彩的世界。

正如蜜蜂，它从一百种不同的鲜花中采集花蜜一样，你也从所有经典当中吸取了精华，现在，你应当为人类未来的福祉而将它们揭示出来。

弥勒

哦，有福的维杜罗，感谢你的请求，如你所愿，我愿意讲出来，作为对你殷殷之情的回报。

宇宙的创造、维系和消融，都是一种神圣的游戏。绝对自我——存在者的绝对灵魂——将自身显现为多，形成了宇宙。在创造之前，或者在消融状态之中，世界作为绝对实在而存在，即造物主。此时，既无目击者或被目击者，也无主体与客体之分。唯有意识独一存在。在意识本身，即绝对的神性之中，有一股力量从它自身里面分化出目击者与被目击者，以及因与果等诸多律法。这股力量，就被叫作摩耶（幻觉）。

神创造宇宙，靠的就是这一股神圣的幻力——摩耶，而摩耶有三种属性，分别是萨埵（Sattva）、罗阇、答磨。由这三种属性组成的摩耶，也被称为“Avyakta”——未显现的自然状态。心意、智性、我慢、感觉器官、精微元素和粗糙元素，简而言之，即整个宇宙，皆由这一神圣力量——摩耶而来。

维杜罗

尊敬的导师啊，如果真的是这样，作为意识自身且永恒不变的神，如何能够被称为创造者呢？他为何要创造出宇宙来？如果我们说，他是为了自娱自乐才创造了宇宙，我们赋予了他一种人类的感觉形式。譬如，当孩子参加游戏，他们是出于欲望的驱动；可是，神是如此的完美，他怎么会有欲望呢？

如果正如你所说的那样，这绝对的非人格神并不是真正的创造者，而是他的幻力，即摩耶在创造、维系和毁灭宇宙，那么，这摩耶又是如何与神联系在一起的呢？再者，人，或者说个体灵魂，本质上就是神，或者是部分的神。这样的人又是如何与摩耶相联系，并被其牢牢束缚住的？人确实是神圣的，可是，又怎么会受这样的蒙蔽呢，在束缚的痛苦中卑躬屈膝？

弥勒

人，是永恒的、自由的主人，从来未被束缚；但是，人却相信他自己被摩耶捆绑，并且，由于摩耶之幻觉，使不真之物显得真实起来。当月亮倒映在海面上，海浪让它看上去也是骚动的，一刻也不得安宁，而实际上，月亮始终是安定的、是宁静的。不安宁的只是水。同样道理，非我的属性叠加在自我之上，只有无知之人，被摩耶所诱骗，将有限的、受束缚的属性与自我等同起来。而这一束缚从来不曾发生在真实的自我那里。

当一个人借由弃绝之路，而终于变得纯粹时，那神圣的自我之恩典，对主神的虔信、奉爱与依恋，都将在他的心中升起。于是，他就会意识到自己的永恒与自由。总之，当一个人爱着神，他就能够从所有的无明与苦难中将自己救赎出来。

维杜罗

谢谢你，弥勒。人的真实本性与神一样，都是纯粹的意识本身。我曾为之深感困惑，为何神永远是自由的，且这是宇宙的一条铁律，而人类却偏要饱受束缚之苦。不过，现在我已经明白了，摩耶只是神的仆人，可它却成了人的主人。这就是导致人类束缚的原因。我也明白了，为何无明是所有宇宙的显现之因，因为无明就是摩耶的幻力本身。

事实表明，两个极端是非常相似的。最无知的人是快乐的，就像最有智慧的人也是快乐的一样，两者都能自适其适、各乐其乐。但是，那些处在中间的人，智慧既不够，又不是完全无知者，他们往往是不幸的人。他们意识到了这个世界的短促无常之本质，不满足于它所提供出来的享乐，却偏偏又不知晓神的喜乐。

只有通过与你这样的圣人联结，并通过为你们提供的纯粹服务，人们才能发展出对主神的爱，最终会找到内在于一己的喜乐和平静。

哦，最尊敬的圣人啊，我已了解了宇宙是神圣幻力的杰作。请你讲述创世的故事吧，再说说存在和万有是如何产生的。

第二章
创世的故事

弥勒

哦，维杜罗，创世并没有一个绝对的起点。当前的宇宙，只不过是一系列过去的世界和将来的世界中的一个。宇宙能量在潜伏期和显现期之间一直切换着。潜伏期，即宇宙的消融状态；显现期，则被称为宇宙的创生状态。

被造之物，种类众多。未显现状态，或者叫作宇宙能量，由三德组成。当三德的平衡状态被打破，宇宙智性、宇宙自我、宇宙心灵、感觉和感官、元素的微妙原理以及元素自身都将得以显现。以上这些要素，以各种各样的方式相互结合，并一再重组，所有的存在与万有的“创造”也就完成了。

其中，有静态的存在者（Sthāvara），比如草本植物、藤蔓植物、灌木和乔木等。它们的意识尚未萌发出来。在它们的身上，只有触觉得到了开发。

然后，就是更高级的动物类——野兽畜类等，在它们身上，嗅觉得到了高度的进化。

接下来是人类。

最后是神（Devas）、祖灵（Pitris）、天使（Gandharvas）和半神人（Kinnaras）等等。

哦，维杜罗，所有的这些都是梵天的创造。创造的过程是这样发生的：

世界还潜藏在海底，神躺在蛇王阿南塔（Ananta）的身上冥想，阿南塔则漂浮在水面上。神在闭目休息，但他的意识是完全清醒的。他陶醉于自我的喜乐之中。

当创世的时间越来越迫近，突然，神感到体内有一阵搅动，继而从他的身体中央，盛开了一朵莲花。莲花的光芒格外耀眼，照亮了整个海洋。

在那朵神奇的莲花之内，是所有用于创造的质料。神自身也被吸收到里面，变成了一切事物最内在的基础。

时间到了，梵天突然从莲花里升起，复又坐落于莲花之上，他伸出脑袋，朝着四方四次环顾，观察是否还有其他的存在物出现。因此，他也被叫作“四面梵天”（four-faced Brahma）。

梵天尚未认出自己，并忘记了他的前一次创造。他变得焦躁不安，渴望从心里寻求自我知识。他看看自己，又看看外在的这个世界，他明白无法通过外界实现自己的愿望，只能从自身入手。于是，他进入冥想，去寻找自我知识。最终，他发现了真理，神就寓居在他自己的心中。同时，他又在一切事物中发现了神，真实的幸福感油然而生。

然后，神对他说道：

“哦，梵天，我命令你：再一次创造世界，就像你过去常做的那样。创造对你来说并不陌生。被造之物早已在我之内，这些是你最熟悉不过的事物。创造只是将已存在的事物投射出它们的具体形象。”

这个时候，刮起了一阵飓风，海水就像被激怒了似的翻腾起来。

梵天利用自己从苦行中获得的知识与力量，将大风与海水收进了自己的体内。他发现自己已经飘浮在以太当中，虽然，他仍然坐在那朵莲花之上，他返回到莲花的心中，并将它分成了三部分，分别将其创造成三个球体——天界、大地和天空。

梵天还赠予这个世界四部吠陀：《梨俱吠陀》（*Rik*）、《沙摩吠陀》（*Sama*）、《耶柔吠陀》（*Yajur*）、《阿闼婆吠陀》（*Atharva*）。

梵天是哲学家口中的“Sphota”（绝对理性）的人格化，也表达为“唵”。他也被称为神的首现，属于第一次诞生。

梵天创造的第一批人类是圣人。他们一被创造出来，就自然进入了深度冥想，并对世界上的任何事物都不感兴趣。梵天从他们身上看不到人类物种繁衍的可能性。正当他在沉思，应当以何种方式保证人类种族的绵延不绝时，他自己的形体被分成了两部分：一半成了男人，另一半成了女人。

男人叫作摩奴，女人叫作沙塔鲁帕；于是，他们孕育出了全人类。

第三章
迦毗罗的出生

维杜罗

我很乐意听到更多关于摩奴和沙塔鲁帕的故事，请告诉我更多关于他们的事吧。

弥勒

随着时间的推移，摩奴和沙塔鲁帕已经有了两个儿子和三个女儿。儿子分别叫普利亚乌拉塔（Priyavrata）和乌塔纳帕达（Uttanapada）。女儿分别是阿库蒂（Akuti）、提婆胡蒂（Devahuti）和普拉苏蒂（Prasuti）。我将为你讲述关于摩奴的孩子们的故事。首先，我要讲的是提婆胡蒂的故事，因为她是著名的圣人和哲学家迦毗罗的母亲。

提婆胡蒂长成了一个美丽大方的女孩子，她的父母就为给她物色合适的丈夫而发愁。他们游历了各个国家，遍地寻觅，终于遇到一位极有魅力的年轻人，不但学识渊博，而且是一个伟大的圣人。他的名字叫卡达玛（Kardama），据说他是从梵天的心中直接诞生出来的。提婆胡蒂见到他的第一眼，就坠入了爱河，这让她的父母倍感欣喜。而卡达玛也被眼前这位美貌的女子迷住了。没过多久，摩奴就把他心爱的女儿嫁给了卡达玛，并返回自己的王国。

卡达玛通过苦行，修行瑜伽，很好地锻炼出自我控制的能力，克己自制。他将这些实践教给妻子，在崇拜和冥想之中，他们不沾染世俗夫妻的关系，这样生活了很长很长一段时光。然而，尽管提婆胡蒂乐于效劳她深爱的丈夫，却希望自己能有几个孩子。于是，卡达玛便顺从了妻子的意愿，不久，她也因为生出了几个漂亮的女儿而非常开心。可是，她还是希望能有一个儿子。时候到了，这个愿望也被实现，迦毗罗诞生了。迦毗罗异常地俊俏，长着一双莲花眼，一头金色的头发。他带着神圣的力量降生人世，并被赋予神圣的智慧，还有来自所有经典的广博知识。

现在，卡达玛已经实现了妻子的宿愿，完成了他的责任，他就决定隐退，将余生奉献给对神性的冥想。于是，他放弃尘世，过起了僧侣的生活。很快地，通过始终如一的禅定与专念，他觉悟到梵——非人格的真理，并升起超然的意识，平等看待快乐与痛苦，热与冷，成功与失败。当他达到绝对的平静时，便不再有任何欲望的波动来干扰他心意的平静。最后，他的心灵就与神性融合；他与至高的神合一了，并看到了所有的生命都生活在神圣的自我之中，而神圣的自我又寓居于一切的存在。

这就是卡达玛的故事，他已经领会了最高的统一，获得了绝对的自由。

第四章
迦毗罗关于神圣之爱的教导

弥勒（继续说道）

提婆胡蒂为她深爱的儿子倍感自豪。迦毗罗生而自由，且天生就是人类的灵性导师，他创建了数论学派（Sankhya Philosophy）[①]，与生俱来就对最高的知识怀有强烈的渴望，母亲提婆胡蒂常常与儿子讨论哲学、讨论宗教，这些自然也是她的特权。

一天，她对儿子说：

我的儿子，你是我的至爱。你能不能告诉我这样的知识，——通过它，我可以从世界的束缚中寻得解脱的路径？自从承担起家庭生活的责任后，我越来越依赖于这个世界了。我在年轻的时候，从你挚爱的父亲——卡达玛那里学到了很多；如今，在我年迈之际，厌倦六根尘染，世间烦恼，我很乐意向我自己的儿子学习最高的智慧。

---

① 这里给出的迦毗罗的数论哲学，与《薄伽瓦谭》随后的章节中所提到的，只是在细节上不同，但在精神主旨上都是一致的。——原注

迦毗罗

哦，母亲，瑜伽教导人们如何与神圣自我合一，若遵循瑜伽的指示，人类的痛苦将得以终结。瑜伽带给人们最高的利益。在我之前的无数化身当中，我也曾将它教给昔时的圣人，现在，我将传授给你。

造成灵魂的束缚或解脱的唯一原因，就是心意。心意若依附于世界，我们就被捆绑；心意若依附于神，我们就获得自由。

只有放弃“我的”和“我”所有这样的观念，心灵才能真正得到净化，才能摆脱欲望、贪婪和妄想。知识和爱，只会在纯洁的心灵当中显现；你将觉悟到神圣的真我——那纯粹而自由的自照者。

智者确实是这样说的，依恋于世俗之物，就是人类受束缚、受苦难的缘由。然而，对虔敬的人而言，对神的依恋却能够带来自由。这些人自律，宽容，忠诚，友好。他们居住在神的意识中；他们的心灵与神融合。没有哀伤或痛苦能够激荡他们的心意，或扰乱他们臻获的平静。他们已经从一切外在的执着中彻底摆脱。

所有与他们有关联并爱着他们的人，也会因此而变得纯洁。住在一个圣洁的环境里，每天聆听对主神的赞歌，他们对神的信仰和崇拜将会被激发出来。最后，他们一想到神便会心生喜悦，对神的爱意会荡漾开来，充满他们的内心。然后，他们必然会冥想神，并完全忠于神。

当一个人有过这样的经验之后，感官享乐便不再对他有任何的吸引力了。他跳出了无明设下的陷阱，内心光明而澄澈，虽然他仍是在世俗中生活，却像生活在天堂一般。

提婆胡蒂

告诉我，我的孩子，如何去爱神，教导我能轻松带来解脱的爱。再告诉我冥想的瑜伽吧。

迦毗罗

哦，母亲，感官吸引我们的心意朝向外在，因为我们爱这个世界。如果把心意指向神，我们将发现神圣的知识和绝对的自由。有一些个体灵魂在对神的爱和服务中体验到了强烈的快乐，但是，他们却并不关心自己的救赎。即使是这样，神圣的爱最终也会带给他们解脱。

那些像爱自己一样爱着神的人；那些把神当成孩子来疼爱的人；那些把神视作同伴来信任，并把他尊为师者之师的人；那些崇拜神，又像亲友一样爱着神的人——他们都已获得了永生。

那些一心一意将自己奉献给神，并崇拜神的人，他们确实是有福的，因为他们应当获得绝对的自由。[①]

我是神，就是这宇宙之主。我是寓居在一切存在者中的自我。我无惧无忧。我摆脱了世间的一切恐惧。因为怕我，风才吹起来；因为怕我，太阳才放出光和热，云朵才会落下它的雨滴；因为怕我，火才燃烧起来。瑜伽士崇拜我，并服务于我，他们无所畏惧。他们爱我，冥想我，是为了实现最高的善。当他的心灵变得平静，心意将借着爱与我融合，至高之善就此抵达。

① 在下面的段落，迦毗罗继续着他的讲述，但我们会注意到，他将自己与内在自我（或者说神）等同起来。——原注

第五章
痛苦的起因与解脱之路

迦毗罗（接着说）

现在，母亲，我将告诉你真理，知晓它的人将挣脱无明之网。

内在的觉知之光，作为人的自我而存在，也叫作原人（Purusha）。原人是自我发光者，无始无终，永恒不朽。并且与原质（Prakriti）完全分开。宇宙名相出自原质，并受原人激励。原人将自己等同为原质——即非自我，于是，被无明（Avidya）蒙蔽，使纯粹觉知受到了限制。原人是永恒的目击者，永远自由，永不会是行动的执行者。所有的行动皆由原质三德发出，但由于种种叠置与错误认同，原人误以为自己就是执行者，尽管实际上他永是喜乐与自由的。他却貌似受到了业力的捆绑，受制于生死轮回，时而喜时而悲，苦乐无常。

提婆胡蒂

我明白了，原质是一切宇宙的起因，无论是粗糙的或精微的。但是，请告诉我，什么是原质?

迦毗罗

原质，尽管它本身并无分化，却是一切分化的原因。原质由三德组成——萨埵、罗阇和答磨。当三德处在完美的平衡状态，这一状态就叫原质，或者说是平静的、无形无相的原初自然状态。当三德的平衡被打破，于是，宇宙就被投射出来。

而原人无形，没有属性，从无变化，所以，它不可能是行动的执行者。正如太阳，即使倒映在无数的水面上，它也不为水的属性所影响；同理，原人虽居于无数的人类身体之内，却不被原质三德的属性所左右。然而，由于无明的影响，原人就将自己与三德等同起来，自此，他似乎有了喜与悲，并误以为自己就是行动的执行者。因此，他被业力束缚，使他陷于生死轮回，因业力而投生为野兽、人类、天使或神灵。

当心意胶着于世界或世俗之物，依恋之情就产生了，妄想妄念也随之而来。想要超越世俗的人，必须通过非依附的实践，学会自我的控制。

循着瑜伽的冥想之道，坚定地奉献于神，并将心意专注于神。

学会平等地看待一切存在者；摒弃一切仇恨与敌意；心存喜乐，虔诚地拜俯在主神的脚下。诗云：

无论命运如何，懂得知足常乐；

饮食、娱乐，多有节制；

孤独的征程；

平静的内心；

成为所有人的朋友，

若有缺点，不抱怨；

若有悲苦，能同情：

做好准备，接受真理的知识。

你将挣脱无明愚痴的罗网；

你将解开世俗意识的捆绑：

于是，你将亲证自我——

于是，你将觉悟这一无限的、神圣的原人，

他活在永恒而神圣的自由当中。

就像人们在睡觉时可能会做一些噩梦，一旦醒来，就算还记得这些梦，却不会被它迷惑，所以，当一个人亲证了内在的自我，领会了他的神圣性，并沐浴在他的无限荣耀当中，他也不会再被原质迷惑了。此时的他已经征服了生死——他知晓了天堂的喜乐。即使是瑜伽的伟大神通也诱惑不了他，因为他已完全掌控了它们。在世时，他的灵魂是自由的，当死亡来临之际，他获得了绝对的自由。没有比这更伟大的喜乐了。

第六章
冥想瑜伽

迦毗罗（接着说）

现在，我将要为你讲解冥想的瑜伽之道。

冥想瑜伽的第一步，就是遵守所有人都必须遵守的道德戒律。它们是：

1. 虔诚地履行你的责任，无论你的生活条件有多卑微。学会将你自己的劳动果实献给神。寻找神圣的社会团体，并学会为他们服务。最重要的是，要有对正义、真理和自由的强烈渴望。

2. 在饮食中培养节制。不伤害任何生物。

3. 不偏离真理。不觊觎他者的财富。

4. 只接受日常所需。

5. 践行自我控制和自我否定，过一种纯粹、自律的生活。最关键的是，保持灵魂、心意和身体的洁净。

6. 最后，勤奋地研习经典。

为了冥想练习，一个人应当选择一处隐蔽之地，并保证此处只用于冥想。静坐时，他必须保持躯体的竖直，但不能够紧张。然后，他必须在呼吸法的助益之下，进行能量的控制。心意必须凝聚于心意，以心制心，不允许散乱，跑到外在的事物之上。

接下来，心意必须聚焦于体内的任一个意识中心。这最后一步就叫作专注练习。

有了这些准备之后，他应当冥想神圣的属性。

这些练习将带给你灵性世界的显著增长。通过呼吸法（Pranayama）的练习，你将获得身体的健康。再通过收摄法（Pratyahara）的训练，你将切断对外部事物的依附。这样的次第专注的练习将带给你心灵的纯粹，而冥想将会让你与神最终合而为一。

如此训练之后，人们的头脑和心灵将会变得无比平静，而且十分纯洁，寓居于神性的意识当中。于是，你将察觉到神圣的爱。

提婆胡蒂

告诉我更多关于爱的宗教，因为，若没有对神的爱，常人无法持久地练习冥想瑜伽。

迦毗罗

爱是神圣的。但爱有不同的表达方式，且深度不一，这取决于人们灵魂的进化程度。

有些人内心充满仇恨、嫉妒、愤怒和傲慢，对这些人来说，神是遥不可及，高高在上的，与他们是隔离的。可能，他们也会爱着神，但是，他们的爱是自私的，这是具有答磨属性（Tamasika）的爱。

还有另一些人，他们把神当作一种独立的存在来爱，崇拜他，向他祈祷，以实现自己的物质欲望。这种爱也是层次较低的，这种爱，被称为罗阇属性（Rajasika）的爱。

然而，若纯粹只是为了爱而爱，为了寻求神而爱，并借由这种爱，将自己的全部身心都献出来，献给神，这样的爱，就叫作萨埵属性（Sattvika）的爱。

当爱者、被爱者与爱结为一体，当我们亲证神，并爱着他，这爱发自蕴藏于所有存在者中最深处的自我，当心中流淌着源源不断的爱的河流，我们就能体会到神爱的经验。

当神的爱充盈内心，我们便超越了三德，而与梵为一。

为了使心灵得以淬炼，神的爱得以滋长，人们应当遵循以下戒律。

1. 履行生活的责任，不计回报地劳作。将工作转化为对神的崇敬。

2. 定期礼拜神。唱诵他的名字。歌颂他的荣耀，并越来越多地念想着他。

3. 学着在万事万物中看到神。尊崇伟大的圣人。善待穷苦之人，并友爱所有人。

这样，人们就可以抵达神的国度。

神作为最内在的自我，寓居于所有存在者、一切事物的心中，只是显现的程度不同。那些拥有纯洁的心灵，在多样性中悟出统一性的人的身上，神的表达最为完全。

我是万物的自我。[1]我寓居于一切存在的心中。除此之外，还能在哪里崇拜我呢？知晓我就是一切存在的存在，就是自我，那就会爱上一切，服务于一切。

提婆胡蒂虔诚地遵循她儿子的教导，很快，她就发现神显现在她的心中，同时，神也显现在所有存在的心中。

过了一段时日之后，迦毗罗离开了母亲，放弃所有的世俗联系，孤身北上，进入了喜马拉雅山的白雪深处。据说，为了全人类的利益，他仍然住在瑜伽之中，完全沉浸在三摩地里面。

① 这里，我们看到，迦毗罗又一次将自己与神等同起来。——原注

第四书

引言

接着，苏塔歌人复述叔迦的话语，继续讲述神圣的《薄伽瓦谭》。在这一部分，弥勒为维杜罗讲述创世之初的人类的故事。

第一章
德鲁瓦的故事

乌塔纳帕达国王是摩奴的大儿子，而摩奴是梵天创造的第一个人。德鲁瓦是乌塔纳帕达国王和他的第一位妻子苏尼蒂（Suniti）的儿子。国王的第二位妻子叫苏汝琪（Suruchi），他深深地爱着她，却常常为她缺乏理智的嫉妒而担忧。

有一天，国王和苏汝琪正坐在一处，和他们最小的儿子乌塔玛（Uttama）一起游戏。德鲁瓦只有五岁，看到他们玩得如此欢乐，他非常羡慕，走近并请求父亲允许他也加入游戏，可是，国王没有理会这位长子的请求。这一区别对待让苏汝琪非常得意，因为她不爱非己出的儿子。她回过头来，转向德鲁瓦说："你是国王的儿子，这一点我毫不怀疑。但是，除了我亲生的儿子以外，没人有资格继承王位。所以，如果你想拥有这个王国，这辈子就去苦行吧，祈祷下辈子有幸做我的儿子。"

德鲁瓦没有回应苏汝琪，而是回身看着他自己的父亲，渴望他能够有一些言语的安慰。然而，国王没有任何反应，他伤心起来，不由得大哭，跑向自己的母亲。

苏尼蒂看到她的儿子哭得如此悲伤，非常痛心。她张开双臂抱住他，吻去他脸上的泪水，在他耳边轻声安慰。待他的抽泣声渐渐平息，冷静了下来，苏尼蒂说：

“哦，我的儿子，别让继母的话语影响你太深。你要为她感到悲哀，而不是生气。你知道吗，因为羯磨法则（the law of Karma）的作用，她的所作所为迟早会报应到她自身。只需记得这样一条真理。这确实是对的，通过祈祷和苦行，以及神的恩典，一切皆有可能。我的儿子，神是我们唯一的避风港和心灵的抚慰。”

“请告诉我，母亲，谁是神？我能在哪儿找到他呢？”德鲁瓦问道。

“据说，他拥有一双‘莲花之眼’，”苏尼蒂回答道，“只有他能为人类擦去所有痛苦的泪水，并满足人们一切的愿望。那些带着全部身心和灵魂去投靠他的人，将会得到他的恩典；可他本人却不是那么轻易就能够被找到的。瑜伽士们通过全心全意的奉献，才在他们的心中找到了他。”

德鲁瓦专注地聆听着母亲的话语，并在自己心里面暗暗下了决心，自己要成为一个瑜伽士，一定要找到神。但是，谁能够教他练习瑜伽呢？

据说，光明就在我们的内心，只是被层层黑暗覆盖住了，而只有自我之光未被遮蔽的灵魂，才能揭开它。这样的灵魂，就是真正的导师。为了找到那位拥有莲花之眼的神明，德鲁瓦就动身去寻找有资格教他的人。

纳拉达，伟大的圣人，当他正在天界与神交谈时，感受到了这份灵魂的渴望，而它就来自这样单纯的一个小男孩德鲁瓦。他知道这位少年真诚地渴望神，并需要帮助。于是，纳拉达前去与德鲁瓦碰面，希望能够为他指引抵达神的路径。

他找到了这个小男孩，为他许下祝福。一开始，他似乎是在劝他放弃这条路。为了测试他的诚意，纳拉达这样说：

“我的孩子，你还非常年轻。你应当享受生活，享受世界的乐趣。而寻找神的道路是艰难的。瑜伽士们在这条道上挣扎前行，需要很多很多年，他们放弃了生活中所有的快乐，甚至投入了几世的时光，只是为了找到他。所以，为什么不干脆放弃这一近乎徒劳的寻找呢？回家去吧，过你幸福的人世生活。学会与圣者交往，欢乐更多。学会善待和同情所有的人。遵循这条简单的教导，你将得到快乐。当你年岁渐老，再来专注于冥想之道吧。”

德鲁瓦向这位和善的圣人表达了自己的感谢，他谦卑而语气坚定：

“最敬爱的圣者啊，我没有别的渴望，只是渴望最高的成就，实现至高的生命目标——我渴望找到神。请您为我指明一条道路。”

纳拉达回答道：“我的孩子，你的决心甚大。那些将自我完全奉献给神的人，确实是受祝福的。他们的所有愿望都应当被满足，他们将获得至高的自由。”

随后，纳拉达向他传授了瑜伽的神圣之路。他教德鲁瓦呼吸法——由三部分组成：呼气、吸气和住气。他指出这种呼吸练习，将有助于控制能量和感官；并告诉他，当心意从不安中解脱出来，将更有助于冥想的练习。

当德鲁瓦已经熟练地掌握以上这些练习时，纳拉达又开始教他如何冥想。

最适合德鲁瓦专注冥想的神，是毗湿奴或瓦苏德瓦（Vasudeva）。

纳拉达开始教导德鲁瓦，如何冥想居于他心灵圣殿中的毗湿奴。“学会深深地感受自己生活在神性之爱的存在当中，”纳拉达说道，“就这样感受他的爱、他的护佑和他的指引。”随后，他又教给德鲁瓦神圣的曼陀罗“OM，namo Bhagavate Vasudevaya”（主神的名字，即最适合德鲁瓦的挚爱之神的名字），说道：

“在你的心里重复默念，称诵这一神圣之名，通过曼陀罗之桥，把崇拜和祈祷献给主神。用心灵之眼去寻找瓦苏德瓦；看到他的遍在，知道他寓居于所有的事物之中。坚定不移地将自我奉献给他，那么你将在这一世就能够知晓真理。”

纳拉达建议德鲁瓦前往玛独瓦纳（Madhuvana），即位于神圣的亚穆纳河岸的一处静修林，在这样一种僻静而又神圣的氛围中深入冥想，将有助于神性的显现。德鲁瓦王子俯伏在导师的脚下，向他告别，前往玛独瓦纳实践苦行。

纳拉达对此深感欣慰。然后，他独自去拜访国王乌塔纳帕达，并受到了应有的款待。纳拉达发现老国王有一些沮丧，便询问他悲伤的原因。国王回答说：

“哦，尊敬的导师，对德鲁瓦的想念和担忧正撕扯着我的心，为讨好我的妻子，我疏远了他，没有给他父爱与快乐。现在，我不知他的踪迹，心里满是悲痛。哦，我是最残忍、最令人失望的国王和父亲！”

纳拉达被国王的悲伤所触动，安慰他说：

“哦，国王，别难过。你的儿子还活着，并生活得很好。他正在神的庇佑之下，不会有任何灾难降临他的身上。他将会声名远播，当他返回你的身边时，你将同享他的荣名。”

圣人的这番话给忧心忡忡的国王带来了平静。

而德鲁瓦正在玛独瓦纳，虔诚地苦行。刚开始的几天，他感到精神的不安。但很快，他就能控制住自己的心意，并在冥想中体验到一种罕见的喜乐。他进步飞速，五个月之后，就已经超越了所有身体的意识。周边的世界已不在他的感觉之内；他的个体意识与梵意识融合了。

六个月过去，他进入了更深一层的冥想。无明与黑暗的面纱一层又一层地被揭开。他看见了神圣的光，神圣的存在者——他的理想之神瓦苏德瓦就居住在他心灵的圣殿里面，正慈祥地望着他，对他微笑。这一体验是如此的真实，神的存在是那么的生动，外在世界的感觉滑入了虚空。德鲁瓦的幸福是如此巨大，不可言说——对他而言，神性的光辉遍在一切。

然而，这一个三摩地的境界并未持续多久。很快，他苏醒过来，睁开眼睛，竟然看到大神瓦苏德瓦就站在他的面前——和他在内心见到的那个面庞一模一样。因为神的出现，整个宇宙都被点亮了。德鲁瓦的心也被爱融化，他喜乐满溢，唱起了对神的赞歌：

哦，大神啊
你是贫苦者的朋友，
你是一切人的避风港；
是你，把我们从生死之轮中拯救出来。

我愿永远爱着你！我愿永远与爱着你的纯洁之人同行！
你是无限之梵，

永恒不变，无与伦比，无始无终，
你的形态是喜乐；
你是人类终极的目标；
我皈依于你。

然后，主神对他说：

“我知道你的心意了，我的孩子。你曾渴望成为国王。记住，你将统治你父亲的王国很多年。在你有生之年结束之际，你将去往天上那个叫作星光天球（celestial sphere）的地方，在那里，众神、天使和星星围绕着我，歌颂我和我的荣耀。你将是那个世界的中心，而且，将被称为德鲁瓦星——北极星。”

话音刚落，主神就从他视线内消失了。

德鲁瓦感到一阵失落，虽然他曾经渴望父亲的爱，并希望作为继承人接管父亲的王国，但是现在，他发现，与精神上的喜乐相比，这些事情是多么的微不足道。他意识到，自己就像是一个住在河边，却要挖井解渴的人。除了爱着神，服务于神，他不再有其他任何的欲望。

然而，他最后还是让自己的头脑冷静下来，他去遵循主神的意愿，返回他父亲的王国。

当国王得知自己的儿子德鲁瓦正在回来的路上，他召集妻子苏汝琪，他们的儿子乌塔玛，还有德鲁瓦的母亲苏尼蒂，以及众侍从们。然后，他乘坐着华丽的马车，在盛大隆重的欢迎仪式中，去迎接德鲁瓦。

当国王看到德鲁瓦走近，他跑过去，温柔地抱住他。德鲁瓦拜倒在父亲的脚下；随后，他也向继母苏汝琪鞠了个躬。他的继母抱着他，亲切地吻着他，说：

“愿你长寿，我的孩子。我恳求你的原谅；亲近神的人，也就亲近了一切。在他面前，任何敌意或仇恨都不会持久。称你为我的孩子，这让我感到自豪和幸福。”

德鲁瓦满心欢喜地拥抱了他的兄弟乌塔玛。然后，他俯伏在自己母亲的脚下，感恩这位内心充盈着幸福的母亲，抚育他长大的母亲。

德鲁瓦随着众人前往宫殿，他所经过的城市一片欢歌笑语。

当德鲁瓦成年后，国王乌塔纳帕达将王位传给他；并在他心爱的臣民的允许之下，过着半隐居的生活，在对神的冥想中度过了他的余生。

有一天，德鲁瓦的弟弟乌塔玛外出打猎时，被一个夜叉（Yaksa）——半神人杀死了。德鲁瓦听说这事以后非常愤怒，向夜叉和他们的头领俱毗罗（Kubera）宣战，而这位俱毗罗是财富之神，也是北方的摄政王。于是，战火肆虐，许多夜叉被杀。摩奴，德鲁瓦的祖父，与其他圣人一道前来，请求德鲁瓦停止战争，不要杀害无辜的夜叉。摩奴对他说：

“为什么你要用这种方式战斗？失去弟弟的悲痛，让你完全丧失了对激情的控制，你的心灵又被遮蔽了。为什么你要为一个并未真正死去的人感到悲痛呢？肉身有生有灭，但人类的灵魂却是永恒不死的。

“你通过对神的奉献，获得了知识和力量；然而，你尚有无明未除，因你所看到的仍是差异，而不是遍及一切的统一。现在，你必须寻找最高的真理，这样，你才能发现唯一的神——神圣的自我，遍及万事万物，并永远摆脱了无明。”

经过摩奴的提醒，德鲁瓦立刻意识到自己的重大错误，所有的愤怒顿时烟消云散。他终止了与夜叉的战争，他的心中再次充满了对所有生命的爱。

夜叉的首领俱毗罗听说了德鲁瓦的决定，他出现在德鲁瓦的面前，并提出要成为他的朋友。俱毗罗有能力满足人们的一切欲望。因此，他向德鲁瓦提供任何他想要的一种恩惠。

德鲁瓦回答说：

“如果你想填满我心中的欲望，就赠予我这一恩惠吧——让我永远铭记主神；只有持续居住在神的意识当中，一个人才能摆脱俗世的幻觉。”

俱毗罗答应了他的请求，然后便消失了。

经过很多年的和平岁月，时间到了，德鲁瓦就让位给他的儿子武特卡拉（Utkala），他希望能重获年轻时的崇高体验——在那一种体验里面，他知道自己与神是合一的，不可分离。他离开了王国，前往喜马拉雅山中的巴达利卡（Badarika）。他在这个神圣的隐居处，经过日复一日的独处、日复一日的深度冥想，最后达到了与神同在的境界。关于杂多而有限的宇宙之意识，又一次全然消失，他真切地感受到了神的绝对性和无限性。最后，关于个人的有限意识也彻底消失了，只剩下唯一的、纯然的意识——这里，“我”（I）与神成为一体。他只意识到唯一的绝对实在、绝对智慧和绝对喜乐。他终于彻悟自己与神爱的合一之境。

当德鲁瓦恢复了他的日常意识，他知道是时候了，应该到了放弃自己肉身的时候了，现在，这是他灵魂的一件旧衣裳。这时，一辆金光闪闪的车辇从天空中飞驰而来，他将要离开了。他周围的一切都被映照得光辉熠熠。两位天上的使者——毗湿奴的侍从，他们从马车上缓缓步下，对德鲁瓦恭恭敬敬地说：

“我们奉主神毗湿奴的命令，将带你前往他的居所。”

德鲁瓦认出了他们，并向他们鞠躬。他唱诵起了主神毗湿奴的圣名，抛开世俗的形体，登上了这辆神奇的车辇。随着马车的升空，称颂的歌声和欢笑之声一直萦绕在他的耳际。

德鲁瓦被带到了那个星光天球，因为神的允诺，他就成了北极星，成为人类在每一个时代的神圣向导。[①]

---

① 一直到今天，印度人还是称北极星为德鲁瓦星。——原注

第二章
德鲁瓦的儿子——武特卡拉

德鲁瓦的儿子武特卡拉，是一位伟大的圣人。他生来便具有泰然自若、气定神闲的卓越气度，并获得了神的知识。

他身上担负统治王国的重担，这是父亲赋予他的责任，但是，他很快就有了倦意。于是，他毫不迟疑地让位给他的弟弟瓦特萨拉（Vatsara），由他来接替，统治大地很多年。

武特卡拉选择了弃绝和隐居的生活，他意识到了神圣的自我，原本就是存在于所有生命之内，而所有的存在者也居住在神圣的自我之中。他觉知到了自己的心灵与万物有一个通道，借此是可以结合在一起的。他所有的世俗欲望已被知识的圣火燃尽，内心充满了对神的爱意，并沉浸在不可言喻的宁静之中。他在神意识中度过了一生，于他而言，唯有神圣的阿特曼（Atman）存在，再无别物。因此，他日复一日地教导智慧之言，并歌颂着神灵。

第三章
国王普瑞图

国王普瑞图（Prithu）是德鲁瓦的后裔，他也是一位伟大而著名的君王。

当他的朝臣们还在享受他加冕的庆典时，即有不好的消息遥遥传来，可怕的饥荒席卷了整个王国领地，成千上万的人死于饥饿。就在信使说话的同时，就有一大批灾民涌向了宫殿，哭喊着乞请果腹的食物。

国王立刻意识到，他自己要直面这场灾难，也深知情形之严峻。大地似乎产量不足，他是看到了，故而显得非常悲伤，思索着为此他应该做些什么事情，才能缓解人们的悲惨状况。正当他在冥想这一大难题之际，大地之母就以一头母牛的形象出现在他的面前。

她告诉国王，务必了解，大地有能力而且非常乐意产出人们所需要的一切，但是人们必须努力劳作以获得它。她能够产出无数的食物，以及所有人类的必需品，以适应所有人群、各种气候。

因此，国王普瑞图召来他的几位大臣，谨慎且耐心地把大地之母所说的话传达给大臣们。不久，经过国王和他的大臣们之努力，大地之母就生产出了足量的玉米、草药和树木，以满足人类的物质需求。

同时，她为圣人们生产出精神食粮——吠陀经典。她为神灵世界创造出永恒的生命、精神之力、感觉之力与物质之力。她为恶魔准备了有毒的饮品。为天使们准备了美丽、香甜之物，准备了悉达瑜伽的力量与开启觉悟的知识。就这样，大地母亲以其自身的方式满足了她所有孩子的欲求。

在国王普瑞图的英明统治下，人们建起了堡垒、城镇、村庄、家园和工场，这一切给他的臣民们带来了舒适和安全，他们过起了幸福和繁荣的生活。在他的长期治理下，人们不再有匮乏和饥荒了。

当王国恢复了往日的和平与幸福，普瑞图国王邀请所有人和神，来参加一个盛大的祭祀。毗湿奴就从他最高的天界住处下来，以回应国王的祈请。他为信徒们一一送上了祝福，然后，就为国王讲解人世的真理：

“智者不会憎恨或伤害任何一个人。他能看到唯一的神圣自我居于一切生命之内。他也不会迷恋身体，因为他深深知道，将自己与身体等同起来的人往往是无知的，而且伴随着业力的束缚。当自我摆脱对身体的依附，他就将不再对世界有所迷恋。

“阿特曼，或者称为神圣的自我，他不同于身体。阿特曼是独一者，他纯粹，自发光，无属性，永恒自由，无处不在。他是不朽的目击者。亲证阿特曼的人是有福的，虽然他作为一个具象化的身体存在，却不再受与身体相关的变化与属性的束缚。他永远与我为一。

“那些无欲无求者只是崇拜我，并全心全意地专注于我，幸福很快就会降临。他会因为我而内心充满了喜乐，将摆脱三德之束缚。他成为真理的先知，在我这里，他亲证了永久的宁静与自由。

“阿特曼的自由是永恒的。将阿特曼视为身体、感觉、心意与菩提智性之主宰者，将会变得无所畏惧，并摆脱了一切的束缚。他们知道，只有身体受制于生死，而阿特曼是永恒自由，是不朽者。没有任何的悲伤能够侵害他们，因为他们已与我在爱中融为一体。

“哦，国王，你是明智的。别被快乐或悲伤等二元事物所蒙蔽。用平等齐物的眼光看待所有的事物吧，掌控好你的感觉和心灵，再去治理整个王国为妥。

“单单依靠祭祀或苦行，并不容易觉悟到我，但那些见我寓居于万物之中，并视万物于我之内的人，我就会主动地向他们揭示我自己。”

国王普瑞图俯首于神的足下，内心充满了爱的情感，他如是祈祷：

“哦，我心中的神啊！

“愿我永远能够聆听到你的赞歌，称颂你的荣耀，我的内心永远盛满了对你的爱意。这是我唯一的祈请与祷告。”

毗湿奴接受了信徒的崇拜，然后就消失了。但是，他永远留在了国王普瑞图的心中。

从此以后，国王就教导他的臣民如何虔诚地崇拜神，如何带着全部的身心冥想神。他还教导自己的臣民，即使是一种服务于神的念头，也大大有助于人们除去累世的杂质，而臣服于神之莲花双足的人确实是有福的，因为他应当摆脱了所有的杂质和依附，他应当具备真理的知识，并应当征服了死亡。于是，国王就教导自己的臣民们如何抵达天堂之道。

一天，当臣民们正在由衷地赞美自己最心爱的国王时，有四位神奇的圣人现身在他的面前，他们的身体在发光。其中，领首的那位圣人叫作萨那库马拉（Sanatkumara），他们的脸上也有奇异的光芒，四位圣人都是知梵者。

国王恭恭敬敬地欢迎他们，并愉快地对他们说道：

“尊敬的圣人啊，你们直接诞育于梵天之神，是天人界（Jana Loka）的永恒居民。非常荣幸，能够在人类居住的地球上遇见你们。和你们产生彼此的联系，那是何等的甜蜜与惊喜啊！你们没有差别对待，只见万物和谐齐一。我知道你们是人类的朋友，请告诉我们，什么是对人类最有益处的？”

萨那库马拉，这位最年长的圣人回答道：

“哦，国王，非常荣幸遇见你啊，并能够和你交谈；因你乐于倾听与接受神的启示。那些爱听神的话语之人，他心灵中的所有不纯净都将被清洗一新。

“我将告诉你，这也被世界上的所有经典所证实和宣称的，那最有益于人类的事情是——

“首先，自足并以自我为乐，因自我与神是合一的，或者就去爱神；其次，不依恋尘世中的任何一件事物。

“当然，这真正的爱和不依恋的品质，必须按照以下的方法逐渐发展出来：

“通过信仰和敬畏。

“通过对真理的探索。

“通过献身于灵性的实践。

“通过崇拜那些伟大的灵魂——即觉悟真理者。

“通过聆听神的话语，而且还乐于如是地倾听与接受。

“通过切断与世俗之物的联系。

“通过学习，去爱上独处。

“通过不伤害任何生物，并坚守真诚。

“通过研习经典。

“通过感官控制。

“通过克服激情。

“通过不谴责其他的宗教。

“通过耐心地承受生活中的对立，比如喜悦与痛苦，成功与失败等。

“通过歌唱神的赞词和荣耀。

“如此次第学会，渐渐地，人们的内心就会升起对神的爱意，以及对世界的弃绝。

“当心中的爱情得以坚定，日趋稳固，此人便成为自己的主人，成为人类的导师。他重生了；他的小我被知识之火吞噬了。

“这小我之意识正是一切无明之因。当它被制服，神性意识将全然绽放，发出光芒。若是一个人亲证了神圣的自我，这一层次多元、结构复杂的宇宙，它里面的所有的快乐和悲伤，都会像梦一样消逝无踪。只留下唯一的喜乐意识——阿特曼。

“试着去思考那些吸引你们感官的事事物物吧。若是你们的感官被吸引，心意就会有所依附。当这一依附在心里滋长起来，人们就会失去自己的分辨力。分辨力一旦丧失，他就会被蒙蔽，从而失去了所有的记忆。而当所有的记忆都消失，那么，关于阿特曼即神圣自我的知识——也就一起被彻底遗忘了。智者们都称这种现象为——‘失去自我’。是的，还有什么会比‘失去自我’更大的灾难呢？万物因自我而珍贵。而失去了自我之后，那还会有什么留下来呢？

“记得，贪婪的念头和对世俗之物的渴望，它们都是知识的最强敌，并会阻碍神性的揭开。这些思想会让人变得麻木和无明。因此，人们应当摒弃一切的贪欲。

“哦，国王啊，你要知道，唯有神是爱，神是可直接亲证的。而且，神寓居于一切的存在者心中。神是永恒的，而余者皆为短暂。神可以直接被领会。即使是最小最小的细胞，也是神的完整表达。他无处不在。他就是真理，他是纯粹和永恒的自由。愿我能够俯首于他，在他那里获得永恒的庇护！

“正如在深深的夜色中，人们会误绳为蛇，所以，因无明之遮蔽，人们将绝对唯一的实在当成了复杂多维的世界。然而，当光照进来，蛇便消失了，同样，当知识之光照耀，多样的宇宙就消失了，唯有‘萨奇达南达’（Sachchidananda）——绝对的存在，绝对的知识和绝对的喜乐。

“那些冥想神的莲花双足者，冥想神爱之人，他们确实是有福气的，因为他们应当摆脱所有的不纯洁与心灵的束缚。

“尽管崇拜他吧。六大激情——欲望、愤怒、贪婪、骄傲、妄念和嫉妒——就像一条条凶猛的鲨鱼游在世俗的大海洋里面。让他作为你的领航员，没有恐惧，毫不费力地穿越了大海。”

从圣人萨那库马拉那里得到了这些教诲之后，国王专注于对神圣自我的沉思。当他的专注力提升，他就感到内在的生命更加充实了。尽管他还生活在世俗当中，但是，他已经没有了任何的依恋；因他已摆脱了私我意识，他的心灵变得极为纯净，而外在的事物和世俗的享乐，都已不再对他的感觉和心意有任何的吸引力了。

几年之后，他退位给了他的儿子维基塔施瓦（Vijitasva），然后，一个人去了静修林，过独居的生活。他在那儿练习苦行和冥想。很快，他的心意就摆脱了世俗的一切念头，变得完全专注于神，最后，他抵达了梵我一如的崇高境界。当所有的疑惑都消失了，他心里的结也都一一解开了。[①]

当感知到死亡的临近，他端坐冥想，让自己的身体融入组成它的诸元素之中，而他自己，摆脱了一切的事物，抵达了至高的梵境。

---

① 此为直译。相当于说："他的心灵也从世界的束缚中解放了出来。"——原注

第四章
九门之城

维基塔施瓦的儿子普拉赤那巴希（Prachinabarhis），在那个时候成为地球的统治者。他是一位优秀的国王，但是，随着时间的流逝，他已经忘记了灵性的真理，并深深地迷恋上了这个世界。圣人纳拉达很喜爱这位国王，故而深深为他惋惜。

有一日，他来到国王的身边，希望能够帮助国王跳出无明的泥潭，并传授给他最神圣的知识。

“哦，国王啊，”圣人说道，“试着遵循善行之道，而不是享乐之道。你真正期望得到的是什么呢？彻底终结苦难并获得永恒的喜乐，这才是最高的善行，而且需要亲证的最高理想，但是，你要知道，人们的世俗愿望并无益于此。”

普拉赤那巴希回答说：

“圣人啊，我的心被世俗之物所吸引，我的智性被无知所蒙蔽，我不知何处才是通往自由的道路。请教导我真正的知识吧！让我从世界的俗物中摆脱，让我能够臻达至善。”

“我给你讲一个故事吧，国王，”纳拉达开始了，“我的教导就藏在这个寓言故事里面。”

“有一位著名的国王，叫普拉涅迦那。他有一位亲密而重要的朋友，但是非常神秘，无人知道他的姓名，也无法知道他的职业。

“普拉涅迦那离开了这位亲密的朋友，漫步在人类的大地上，想去寻觅一处合适的家园，但是，结果让他很失望。他自忖道：‘我已见过人间无数的城市，却无一座让我真正满意。我要的是一座能够满足我所有愿望的城市，但是，眼前所见的这些都不符合我的要求。’

“最后，他来到婆罗多瓦沙（Bhāratavarsha）[①]的城市，它位于喜马拉雅山的南边。这是一个豪华的城市，有九扇大门，有富丽堂皇的宫殿与美丽的花园，还有很多清澈的湖泊。似乎符合他心目中的所有要求。他感到自己的漫游阶段即将结束，因为他的所有愿望将在这里实现。

“此后不久的某一天，普拉涅迦那看到一个漂亮的年轻女孩，正带着随从们在花园中漫步。他们在路上相遇了，一见钟情，很快就结婚。他们仍然生活在这九门之城。普拉涅迦那发现，穿过这些门，他就能放纵自己的众多欲望，但奇怪的是，他从来没有过真正的满足。他深爱着自己的妻子，只有她在身边，他才会快乐。她的愿望就是他的愿望，她哭泣，他也会难过；她展颜欢笑，他也会觉得无比开心，经历无常悲喜。因为对她的冲动和情绪的习惯性反应，他残存的一点点独立性也正在逐渐丧失。

“他就以这样的生活方式着，在这样一座美丽的城市待了很多年，他的愿望无一不被满足，但是，却从未得到持久而稳定的快乐和安慰。

---

① 字面意思是“印度”。——译者注

“当国王普拉涅迦那沉浸在快乐之中，对其他事情置之不顾时，有一位强大的将军带领将士袭击了他所居住的城市。这位将军拥有某种神奇的魔力，他可以利用它造成巨大的破坏。而他正在摧毁这座具有九扇门的美丽之城。普拉涅迦那无法避免这种命运。最后，他发现自己失去了一切，甚至是意识的最后堡垒——他的记忆。他几乎忘得干干净净，包括他的过去、他的王族关系、他的豪华之城。唯独记得一件事情：那就是他美丽的妻子。思念占据了他的全部心意，他竟然没有意识到自己丧失了对其余一切的记忆。他的整个本性迷失在妻子的形象当中，似乎是失去了自我意识的疯子一样，变成了被形象所支配的人，这时候，普拉涅迦那发现自己已经转变成了一个可爱年轻的女孩，和他的妻子像从同一个模子里刻出来的一样。

“是的，现在普拉涅迦那已经成了一位年轻美丽的女子，完全忘记了自己以前的身份，以至于当她遇到国王玛拉雅德瓦加（Malayadhvaja）时，她居然爱上了他，然后嫁给了他。时间不断流逝，深爱的国王去世了，留下她孤苦一人。

“有一天，当她正在为他的离去和自己的丧夫之痛而悲伤之际，来了一个不知名的婆罗门，这位婆罗门对她说道：

“‘我亲爱的朋友，为什么你如此悲伤？你还记得我吗？我是你的挚友。试着记起你是谁。我一直都是你的朋友，但你却忽略了我，把我忘得一干二净，只顾着人生的享乐。我和你是朋友，永远联结在一起。尽管你忘了我，我仍时刻陪伴着你。你进入了九门之城，变得痴迷于女子而忘了真正的自我。随后，你又遗忘了你过去的历史，甚至认为自己就是这个男人的妻子。记得，你既不是丈夫也不是妻子。你原本没有性别之分。你和我从未分离。知晓你就是我。就像一个人照镜子时看到两个自己，你看起来似乎分为你和我，但实际上，我们是同一个。'"

就这样，故事讲完了。普拉赤那巴希请求纳拉达讲解其中的寓意，纳拉达同意了，他继续说道：

"哦，国王啊，要知道，寓言中的普拉涅迦那代表了原人，神圣的自我。他之所以叫作普拉涅迦那，是因为神圣的自我通过'Pura'，即身体，来显现。我提到的那个不知名的朋友就是梵，或者说是神。没有人认识他，知道他，因为没有任何行为和属性能够表达或揭开他的真正身份。

"这'Pura'，或者说身体，是各式各样的。其中，人类的身体是享受一切欲望的合适工具。人体便是这一座九门之城，比如眼、耳、鼻等一共有九个进出口，神圣自我或普拉涅迦那通过这些门出去，享受感官的对象。而妻子代表智性，与男子结合以享受这个世界和世俗的财富。若将自我认同于智性或私我意识，神圣自我就会遗忘自己的真实本性，而迷失在无知和虚幻之中。

"那位强大的将士是摧毁一切的时间，他的神奇魔力就是他带来的疾病和死亡；疾病和死亡最终毁坏了这具身体、这一座美丽的城池。

"人是神圣的，自由的，充满喜乐的。由于受到蒙蔽，他将非我的属性叠加在自我之上。饥渴是普拉那能量的属性，而贪婪或欲望则属于感觉和心意；但所有这些，都要归于人类的自我，自我的本性却是自由的。

"遗忘其真正的神圣本性，而将自己认同为错误的小我，人们就开始变得迷恋世界、迷恋世俗的享乐。于是，他就被自己的行为捆绑了。因为这些行为导致了他的再生。

“而人类的行为可以分为这么三类：萨埵性的行为、罗阇性的行为和答磨性的行为。萨埵性的行为让人降生于和平的天界；罗阇性的行为让人降生于奋斗的世界，那里同时存在着快乐和痛苦这种二元性的事物；而答磨性的行为则将导致不幸而可怕的降生，他将陷入迷惑与混沌的世界。人们根据自己的行为降生为不同的身体，比如生而为鸟类或兽类、男人或女人、天使或神灵。他们或升级或降格，一切皆取决于他们的过往的行为。他们或享乐或受苦，以此作为业力的结果与产物。

“有生必有死，死亡是生命的终结。总的来说，人生是秉有痛苦的本质而来的。[①] 正如一个身负重担之人，将承受不了的重担从头顶移到肩上，从肩上移到头顶，其实并没有卸除掉这一副重担本身，所以，人类的生活也一样，背负苦难的重担度过每个人的一生，这就是业力的重担。出于执着和私欲的行为，都是在生命的无明中完成；而且人们就生活于无明当中。只有当人们获得关于神圣自我的真实本性之知识，他才能有望从业力和无明中解脱出来。唯此，才能意识到生命真正的喜乐和永恒。

“当一个人爱着神，并坚定地忠诚于他，真正的知识与智慧就会

① 印度僧人斯瓦米·阿迪斯瓦阿南达说，曾经有位国王询问生命的意义，一个圣人回答道：“一个人诞生，受苦，死亡。”两千五百多年前佛陀说，如果从诞生起将流经人类双眼的泪水聚在一起，它们会超过海洋之水。参见（印）斯瓦米·阿迪斯瓦阿南达著，王志成等译，《冥想的力量》，浙江大学出版社，2010 年，概论部分。——译者注

升起。一个爱神的人，他将克服整个世界的诱惑。这样的爱，确乎是至高的，是一种无上的联结之道。

“带着信仰和敬畏，聆听神性的话语；经典揭示了神的真理，研习它，爱就会在你们的心中生长发芽。那些一直在啜饮圣言甘露的人是深受祝福的，因为他们摆脱了自私和骄傲；他们不再恐惧，不再妄想，不再痛苦。那些将挚爱之神作为内在自我，并冥想他的人是深受祝福的，因为他们已经摆脱了无明的捆绑和业力的奴役。

“令挚爱之神愉悦的行为，就是你们受祝福的行为；让你与神联结的知识就是真正崇高的知识。

“主神就是至善，是一切存在者最高的归宿。他是挚爱中的最挚爱者。他正是我们的自我。知晓他，恐惧就荡然无存；真正知晓这一真理的人，他就成了真理的导师，因为他已经与神合而为一。

“生命是短促无常的，就像一阵风，来去匆匆。每一口吸进来的气息，即是关乎生的应答，也是关乎死的召唤。[①] 浪费你的生命去寻找那种短暂的快乐，那是多么愚蠢之举。寻找神吧，只有他才是我们的归宿。献身于他，你将从世俗的欲望中解脱出来。”

“尊敬的老师，”普拉赤那巴希说，“你所说的这些话语如此重要，它们已经深深地印入了我的大脑，我会谨遵你的教导。但是，我还有一个疑问，一并请为我解答这一疑惑吧。据说，人是由行为塑造的。但是，并不是所有业力都会立刻生效。当死亡来临，谁来享受或遭受他的行为呢？当身体死亡时，这些行为岂不是也一同失效了吗？”

“哦，国王啊，”纳拉达回答道：

---

① 此处，可以对比英国诗人托马斯·坎皮恩（Thomas Campion）的诗句“我们每活一日，就离死亡更近一日”（原文如下：“So every day we live,a day we die”）。——原注

"死去的只是你的肉身；精微之身并不会立刻死去。人们行为的印记就存在于精微之身中，虽然，死后他离开了肉身，但业力仍然会与他捆绑在一起；而他的一切行为将决定他的下一次降生。他将根据其业力，在下一世受苦或享乐。

"行为的制造与执行者，都是小我的意识，它是神圣自我认同于心意或智性之后的产物。因此，精微之身，或者说是认同心意的神圣自我，从此就会以个体灵魂吉瓦的形式展开。所有的快乐或痛苦、恐惧或妄想，都是个体灵魂的一份经验。只要尚有不真实的认同存在，人们就会被他的行为束缚，并受制于生死的轮回。无明就是所有这些束缚的根本原因。所以，只有真正的知识才能带来解脱。通往真知的道路，就是献身于神性的崇拜，见到神于一切之内存在。"

听到了纳拉达的教导，国王普拉赤那巴希前往迦毗罗的静修林践行真理之道。在那里，他独居，专注，冥想主神；最后，他亲证真理，觉悟到了自我知识，获得了解脱。

第五章
普拉契塔

国王普拉赤那巴希有十个儿子。他们都叫普拉契塔，并因其美德而远近闻名。他们在婚后进入家庭生活之前，曾经过着相当严格的苦行生活，并练习冥想很多年。天神对他们的坚贞非常满意，就于他们的心中注满了喜悦与平静，并为他们展示他的荣耀。普拉契塔高唱赞歌，以表达他们内心至高的喜悦：

哦，主神啊，我们要向你礼拜！
你治愈了我们
漫长又悲伤的人生之梦；
众人的唇间念诵你的圣名，
众人的心中冥想你神圣的属性，
人们行走在你福佑之路上。

你超越心意之外；
语言无法抵达你；
感官无法触及你。

那些亲证纯粹喜乐之自我的人有福了，
因为他们摆脱了世界的捆绑。

我们向你致敬！
你是我们挚爱之神，
你是一切崇拜者的主神；
带领我们远离一切邪恶。
那些视你为他们的自我者有福了，
他们由此寻着了平静。

你是万事万物最内在的灵魂；
你知道我们心头的渴望。
愿我们能领会你的挚爱！
你的存在没有边际，你的荣耀也没有穷尽，
你就是无限。

因业力的束缚，
我们历经生死轮回，
愿我们在每一世都能通向纯粹的喜乐：
与你的信徒结伴
这是我们最大的祝愿。

你的信徒，那些自由的灵魂，一直在传达你的话语；
他们平等地看待一切；

摆脱俗世的依恋，

与你紧紧地联结，

他们用生命来祝福人间；

因他们的生命就是一束净化之光：

只要与他们发生联系，

人们即从死亡的恐惧中解救。

你确实是伟大的救赎者，你治愈众人

你也是庸俗和死亡的毁灭者，

你还是永恒的生命和祝福的馈赠者。

谁能歌颂你无限的荣耀呢？

你无所不是，无处不在。

我们一次又一次地向你跪拜，

向你礼敬再三！

他们常常这样，在尽情地唱赞无限之神的种种荣耀之后，内心就获得了无比的宁静。

经过许多年卓有成效的世俗活动，他们终于有一个结束，决定去过弃绝者桑雅士（Sannyasins）的生活，为收获最高的知识——这存在于万事万物中的神圣自我的知识。他们退居到一个僻静之地，开始冥想绝对的梵。

有一天，他们正在端坐冥想，伟大的导师纳拉达走近他们。普拉契塔用最大的敬意欢迎他的到来，恳请他教导他们最高的真理——即能让他们得到觉悟的真理。

于是，纳拉达将自己的心灵融入神的心灵之后，他开始说道：

“哦，王子们，那样的出生是受祝福的，那样的行为是光荣的，那样的生命是真实的，那样的心灵是澄澈的，那样的话语是让人富有生气，收益众多的，那就是献身于神——献身于宇宙灵魂的爱的服务。

“人有两次出生：第一次，他的肉身诞生于父母；第二次，则是他的精神对神圣奥秘的开启。但是，如果他的生命并未献身于对神的奉爱与服务，那么，这两次出生也都将失去意义。

“若没有侍奉神，德性与长寿也俱属枉然之物。

“奉爱和服务，它们是所有吠陀经典、所有苦行、所有学问和所有科学的至高目标。

“若是心中没有对神的爱，那么，瑜伽、弃绝、研习经典、道德行为，全都是无用和无效的，都是徒劳之举。

“在所有存在的事物当中，自我是最珍贵、最值得亲爱的。而挚爱之神正是我们的自我，是所有人的灵魂，谁还能比他更亲、更值得我们去深爱呢?

“就像浇树是要从树根浇，所有的枝丫也能够得到滋润；就像食物被肠胃消化，一切感官也一起得到营养；同样地，当宇宙之主被我们深爱、被我们崇拜，整个世界将遍布欢乐。

“因此，王子们，发自内心地崇拜他，与你的自我合一，而他就是所有造物的自我、万有的灵魂。他是宇宙的动力因和质料因。他至高无上，他就是宇宙的主神。

“对一切生命都要满怀着爱与慈悲，在任何环境当中都要随遇而安，控制好你们的所有感官和激情，对所有美德的实践，最后都会导向神的家园。

“主神总是显现在信徒们最为纯粹的心灵当中。”

听完纳拉达的教导，普拉契塔将心灵与大脑都融入了对神的爱，并证悟到自己与神的合一之境界。

第五书

引言

苏塔歌人接着复述叔迦的话，继续讲述《薄伽瓦谭》。现在是以编者毗耶娑的口吻来讲述，关于摩奴、沙塔鲁帕以及他们直系后代的故事。

第一章
摩奴的二儿子，普利亚乌拉塔

伟大的环住王啊，我已为你讲述了摩奴的大儿子，乌塔纳帕达的后代的故事。现在我将要讲的是摩奴的二儿子普利亚乌拉塔，以及他杰出的后代。

他们的心灵啜饮着神圣喜乐的甘露，哦，国王啊，去沉思神与他的崇高语词，发现最高的善和生命最终的圆满。任何诱惑都不能让他的心意从神的莲花双足上移开。

普利亚乌拉塔是神真正的信徒。通过奉献和服务于他的导师纳拉达，他已领会到了神性的真理。通过坚持不懈地服务于神，他的感官得到了完美的控制。现在，当他准备放弃这个世界，去过弃绝者的生活以获得完美的自我知识时，他却发现父亲为他做好了另外的打算。摩奴更希望他留下来，继承他的高贵血统，成为大地之君王。然而，普利亚乌拉塔深知世俗生活的空虚，拒绝了父亲的要求。

于是，伟大的梵天——这位首现者——利用他的瑜伽神通之力得知普利亚乌拉塔的意愿与计划，不同意他的决定。他从自己天堂的住处——萨蒂亚界（Satyaloka）下来，打算当面劝阻他。但很快他就发现了，纳拉达仙人正在教导这位心爱的弟子——普利亚乌拉塔最神圣的真理。当梵天走近时，导师和弟子都察觉到了神圣的存在者来临，于是，他们恭恭敬敬地站立起来，迎接他的到来。

梵天对他们的诚挚欢迎深感满意；天堂般美好的微笑照亮了他神圣的脸庞，他语重心长地对普利亚乌拉塔说：

“学会将你的意志屈服于神的意志。他的意志指引着整个宇宙：没有人能够违背它。你的父亲摩奴，你的老师纳拉达圣者，还有我——我们所有人都得遵守神圣的意志。

“人类受制于生死、烦恼、妄想、恐惧、快乐和悲痛。他们没有任何的自由可言，就像一个盲人被引导至阳光或阴影处，却并不自知。我们也因业力，重新降生为更低级或更高级的生命状态，并茫然地经历着人世的快乐或悲苦。

“正如一个人在噩梦之后醒来，虽仍有残留的印象，但是不会再受其影响，所以，一个自由的灵魂，一旦摆脱了私我意识与各种执着，他就既清除了过去业力的束缚，也不再受未来业力的缠绕。

“一个人，若是他没有足够的自制力，也许可以逃避世界和它的诱惑，但是，他却无法逃开自己的思想与激情，这些将会追随着他；而一个有自制力并献身于神的人，他就能够生活在世界之中，而不属于这个世界。

“那些俯首在神的莲花双足之下寻得庇护的人，那些已经克服了自己的敌手——譬如激情的人，他反而更应当留在世界上，去执行神的旨意。”

当神圣的梵天如此命令时，善者必当遵从；普利亚乌拉塔向他鞠躬致敬。他最大的愿望即是服务于神。既然这是神的旨意，让他留在人世间，成为大地的统治者，从事治理天下的事业，他表示乐意去执行。

过了一段时间，他娶了妻子，并生下了十个儿子和一个女儿。他的三个儿子生来就摆脱了身体的意识，所以他们一出生便是大彻悟的圣者。这对他们来说诚然是幸运的豁免——他们不再经验粗糙的感官世界，而永住于神性的意识当中，只知晓神圣的自我，唯一的自我，宇宙的自我。

其间，普利亚乌拉塔则为王国事务勤奋地劳作。他所取得的成就，包括将地球分为七大洲，并在其上建立了七个国家，一一交由他的儿子来治理。事实上，他太过专注于世俗的事务，以至于一时忘记了自己最真实而神圣的本性。无明的面纱就像一片云层，遮挡了他的视线。

但值得高兴的是，这种情况并未持续很久。一天，世界的面纱被揭开了，他回忆起以前在灵性生活中的快乐，并升起了伟大的精神洞察力和分辨力。在他敬爱的精神导师纳拉达的教导之下，他弃绝了所有的依附，并很快觉悟到了至高的真理。他再次，也是最后一次，将自己的意识融入于神的意识。

第二章
忠诚的圣人瑞沙巴

普利亚乌拉塔有一个孙子叫作那比（Nabhi），那比没有子女，而最希望的是自己能够生育一个儿子。于是，为了赢得神的恩惠，他召集了有名的庙宇祭司，来协助他举办祭祀的典礼。通常，神并不容易显灵，无论是通过祭祀的典礼或是崇拜的仪式，他只是慷慨地将最高贵的礼物赠送给真正的虔信者，而那比无疑是其中之一，因为他是如此地深爱着他的神，神圣的祭祀仪式刚刚开始，人们就感受到了慈爱的神在现场的临在。

当人们感知到神的降临，那比和主祭司们都欣喜若狂，他们跪倒在了神的莲花双足之下，一起向神表达自己最忠诚的敬拜，开始歌颂神的荣耀：

哦，无比崇敬的主神啊，
你包罗万象，本自具足；
你接受你的孩子们的崇拜，
向他们展示你无边的仁慈。
我们应当怎样歌赞你呢？

我们如此无能，

唯有跪拜在你的莲花双足之下，

谨循你教导的智慧之道。

你是宇宙的主神，

超越一切的名相：

谁能表达那不可思议、无法表达的你呢？

但是，他们都一致地歌颂着你的力量和荣耀，

因为你为我们驱赶了所有的邪恶。

你超越了语言与思想，然而却被你的信徒们轻易证得；

那些以名相崇拜你的人，你也向他们显现，

只要他们足够真诚，以虔敬的心来敬拜。

你是富足的，并不需要人们对你的崇拜；

你接受它，是为了鼓励崇拜者，并为他们心中的愿望加冕。

智者在你那里得到了欢悦，

并与你合一，他们的心灵

因不执之行而纯净，

因知识之火而感动，

不断地唱赞着你的名字和荣耀。

如果我们因恶业而走上不义之路，

陷入无知的泥潭，

请赐给我们这样一种祷告，哦，主人啊：

我们要歌赞你的圣名，

请驱走所有的罪恶。

无明的面纱，如此沉重，不易揭开，让我们看不见你神圣的面容。

因为你伟大的恩典，通过对你的服务，帮助我们轻松地超越了摩耶。

在赞美了所有献祭的主神之后，祭司献上了他们特殊的祭品。

在合适的时候，神的恩惠降临，那比就有了一个儿子，他先天地秉有了伟大灵魂所有吉祥的标志。几年过去，小男孩长成了一个惹人喜爱的年轻小伙，天赋异禀，有很强的自制力。他配得上这样一个伟大的名字——瑞沙巴（Rishabha）[①]。因为他的心意和身体都具有不寻常的力量，在各方面都卓越不凡。另外，他出生时的预言已被证实，因为他逐渐明了内在的知识——存在于万事万物之中的是唯一的神。正因他能平等地对待所有人，自然地，他父亲的所有臣民，无论高低贵贱，也都非常地爱戴他。

他在所有人的尊敬中长大成人，他的父亲那比让位给他。那比则卸去了国王的责任，和爱他的妻子一道，隐居在巴达利卡修道院——位于喜马拉雅山山中的十分宁静的一个林间别舍。他们在那里通过默

---

① “Rishabha”的字面意思是超过所有其他人。瑞沙巴被认为是耆那教（Jainism）的创始人。大雄（Mahavira）则是佛陀的同时代人，他被耆那教徒当作最晚近的耆那精神领袖来崇拜，而瑞沙巴据说是他们当中的第一个。此是就当前时代的循环周期而言。——原注

念“Nara-Narayana”曼陀罗而深度冥想神性，最后，觉悟到他们与神性的合一。

后来，瑞沙巴国王和一位女子佳亚蒂结婚了，她是天神的君王——因陀罗（Indra）的女儿。他们生了很多的孩子，其中最年长和最有智慧的那一位叫作婆罗多（Bharata）。这片土地，即是以他的名字来命名的，叫作婆罗多瓦沙（Bhāratavarsha）。

瑞沙巴拥有一颗解脱者的灵魂。他心灵纯洁，并已觉悟了与绝对者的合一之境、与超然的喜乐意识的合一之境。但是，他仍然为了人类的利益，投身于世俗的各种活动当中。他是所有存在者的朋友，内心友善，富于同情，自制；而且，为了众人的利益，他教导家居者行为的准则，人们若是能谨守这些教导就能够获得解脱。他的一生堪作楷模。在他统治期间，臣民们一无匮乏、别无他求。他们富裕而且知足。

有一次，圣王瑞沙巴在漫游的途中，来到了婆罗多瓦沙，并碰上了他的儿子们正在与智者们探讨学习，于是他就开始教导他们这样一些真理：

“人类的出生是深受祝福的。所以，人们不应当追逐享乐的生活，尤其不该深陷感官欲望。这类短促的快乐在低等动物身上就能够享受到；而作为高层次的人类，不应当白白将生命浪费在这些愚蠢的欲望上面。

“对于人类，苦行是一种崇高的行为。因为苦行能够净化人们的心灵。而心灵纯洁之人是有祝福的，他们将会知晓这一圆满的喜乐。

“学会与圣人结交，服务于伟大的灵魂，向神圣的王国开启你们的心灵之门。与不洁事物的交往将会导致人们的堕落。

“那些平等看待一切的灵魂确实伟大，他们平静，而克服了激情。他们是所有人的朋友；他们的行为总是行在正道之上。他们深爱着神，并对世俗毫无眷恋。他们除了维持身体的简单需要之外，已经别无所求。

“人们如果被世俗之物吸引，并以之为乐，追逐起享乐的生活，他将遭受蒙蔽，并有陷身各种形式的邪恶之危险。人类是神圣的，因他有神圣的灵魂。正是邪恶的行为导致了他与肉体的深度认同。因此，他应当终止一切的邪行。

“人类所经验的悲伤、苦难和死亡，皆是由无明引起，他只有觉醒到神圣的真理才能破解。

“行为依附于心意，而心意引起肉体的束缚。人类受到无明的误导，受心意中过往印记之影响，而被推动去重复邪恶的行为。当他能够体会到崇拜挚爱之神的喜乐时，他将臻获自由。

“人们沉迷于自我的满足，没有意识到追逐感官欲乐的罪恶。他遗忘了那个真实的、神圣与喜乐的本性，他沉溺于世俗的快乐之中，导致了自己的痛苦。

“而所有欲望当中，性欲是最强烈的，它的满足会引起幻觉，并产生新的束缚——与私我意识的捆绑，有了私我意识，粗糙的肉身意识就会尾随而来。当借由人类的道德行为，与性的关联渐渐趋于微弱，人们便开始思考更崇高的事物，冥想神圣的自我，从一切束缚的起因——即私我意识中彻底解脱出来，臻达至善之境。

“全心全意地跟随我，我就是至上的导师，我是神圣的灵魂，我是梵。[1]

“摒弃所有自私的欲望。

“身处生活的逆流之中，仍然要保持你的镇静。

“爱所有一切，就像爱你自己一样。

“寻找真理，并践行真理。

“终止邪恶的行为，只做那些愉悦和服务你挚爱之神的事情。

“与圣洁之人交往，并与之谈论神的事情。

“别为自己寻求赞美。

“抛开所有的敌意，友善对待一切生命。

“练习自制，放弃‘我’与‘我的’之观念，因它们联结着身体和世俗之物。

“隐退，去独居，践行灵性的真理。

“控制力量、感官与心意，并练习你的意志。

“尊敬伟大的圣者，坚信他们的话语。

“履行好自己的责任。

“控制好你的言语。

“见我于一切，并常常冥思我，如此，你将获得自我知识。

“专注于神的意识。

“耐心，持之以恒地践行这些真理。最重要的是，学会分辨。如此，你将摆脱私我意识，并抵达神的王国。

“人哪，并不懂什么是真正有益于他的。他只知寻找感官的享乐，并沉溺其中，意识不到这些短暂的享乐之后，尾随而来的就是巨大的

---

① 这里的瑞沙巴，就像前面迦毗罗（见第三书第四章）一样，将自我与神等同起来。——原注

悲伤。而智者，已觉悟到真正的善，因为有满满的爱和友善，他们就开始教导他人。他是真正的导师，是真正的朋友，帮助人们走出黑夜，走向光明。

“神是无限，是崇高中之最崇高，是永恒的喜乐与自由的掌管者。只有崇拜他，人类才有望从所有的痛苦与死亡的巨大恐惧中解脱出来。”

就这样，国王瑞沙巴教导完了儿子们，并将自己的王位传给了大儿子婆罗多，独自去过弃绝者桑雅士的生活了。他各处飘游；有时被人尊重，有时受人忽视，但是，他始终保持内心的平静，因他已在真实、喜乐、神圣的自我本性的知识中明确了自己的位置。

在他冥想挚爱的神，并意识到自己就是宇宙中喜乐的自我之后，所有的瑜伽神通之力都降临在他的身上。但是，他并不为之动心。因智者们知道，心意最具有欺骗性。若诱惑摆在它的面前，稍一不留神，甚至是最伟大的瑜伽士或圣人都有可能被出卖。而瑜伽神通就是最大的诱惑。

瑞沙巴觉悟到他与神的同一，并从肉体的认同中解脱出来。尽管仍然生活在人世间，他已经成为自由的灵魂。正如一个陶工的转盘靠着自己的动力再转几圈，他的身体则靠着过去的业力维系一段时日。当业力耗尽，瑞沙巴即获得绝对的自由。

第三章
婆罗多的转生故事

婆罗多是王族中的圣人瑞沙巴的儿子，他是一位威名远震的君主。他是如此之强大，迄今为止一直被称为阿加纳巴（Ajanābha）的土地，因他而改名为婆罗多瓦沙。

婆罗多统治自己的臣民，就像是慈父满心为自己的子女们着想。他为了臣民们的利益奔忙，马不停蹄地工作，全然不顾个人的利益；不管是多么微不足道的事情，他都将它视为对神的服务。每一个献给神的行动，也都将助其净化心灵，摆脱激情，并最终将他的意识与至上梵的意识结合在一起。

国王婆罗多年老时，将王国分给他的五个儿子，自己则隐居深林去冥想神的荣耀，希望以此打破禁锢他生命的业力系统。他知道，所有的责任和工作都是为那一时刻准备着，当那一时刻彻底来临，所有捆绑着灵魂和物质的枷锁将永远地被切断。

在甘达基河（Gandaki）的河岸上，在喜马拉雅山的深林之中，他为自己建造了一所小小的芦苇房舍，并在那里持续地冥想，冥想那居住在所有灵魂之中的神性。他寻求了一生的内在平静，就这样降临了。

每一个清晨，他都如此祷告着以礼敬神：

“愿我们冥想这至上之光。整个宇宙的光皆从他而来。他存在于所有人的内心，最终也将回归于他。他是寓于一切生命中的意识。他也是所有智性的向导。我们于此而深得庇护。”

就这样，日复一日，年复一年地过去了。[①]

有一天，一只母鹿来到这位王家圣人的冥想之地，在附近饮水。与此同时，一头狮子正从不远处咆哮而来。母鹿是如此之惧怕，她并没有从水边走开，反而突然跳过河流。因为她身体里面怀着小鹿，这一极端的发力和突然的抗争，导致在水中早产，而她很快就在河流中死去，产下的幼鹿也落在了水里，被湍急的水流卷走，而这一幕被婆罗多看见了。他立即从静坐中出来，把水中的生命救起。他带它去自己的芦苇舍中，生起了火，悉心照料这个小家伙，让它起死回生。此后，这位慈爱的圣人就将小鹿置于他的保护之下，用嫩草和水果抚养它长大。

在这位隐居中修炼的王族父爱一般的照顾之下，小鹿也茁壮成长，最后长成了一只漂亮的鹿。王仙婆罗多心意强大，早已摆脱对权力、地位和家庭的依恋，现在，他却难以割舍这只从河流中救起的鹿。在他变得越来越喜爱这只鹿时，也就越来越少地专念于神了。当这只鹿独自去森林觅食，并回家晚点时，这位王族圣人就会变得异常焦虑和担忧。他会想：“会不会是我心爱的小鹿被猛兽袭击了，或是

---

① 从此一节开始，一直到本章结尾，所用的英译本都曾经由辨喜尊者（Swami Vivekananda）的手笔，特此说明。——原注

遇到了其他的什么危险；否则，它怎么还没有回来。”[①]

很多年过去了。一天，这位王族圣人知道自己气数将尽，就躺卧下来，迎接死神的来临。然而，他的心意并不是专注于自我，而是念想着鹿；他心爱的鹿正一脸难过地巴巴地望着他，当他的眼睛聚焦在鹿的脸上时，他的灵魂离开了身体。结果，他一转世就成了一只鹿。但是业力并没有丢失，他作为国王和圣人时所做的一切伟大善行，都将结出果实。这只鹿生来就具备追忆前世的力量（Jatismara）。它记得自己的前世，即使它没有言说的能力，并居住在一只鹿的身体里面。它离开同伴，本能地被吸引到森林隐修处的附近吃草，那里有祭品的供奉，还有关于奥义书的秘密传承。

当鹿的寿命渐渐耗尽，肉身死去，转而降生在一个富有的婆罗门家庭。这一世，他依然还记得自己所有的前世，甚至在他的婴儿阶段，就决定不再卷入生活的是是非非。当他长大成人，他既强壮又健康，但是，他却说不出一个词语。由于害怕与世俗的事务纠缠在一起，他活得就像一个迟钝且缺乏智慧的人。[②]他的思想总是专注于无

① “在极度的依恋之下，婆罗多与小鹿同榻而眠，同行同浴，甚至同食，如此，他的心完全为情感之索所绑缚。因为担心其他野兽的来袭，婆罗多去丛林采集花果柴草时，也会带上小鹿。那鹿儿稚拙可爱，深深地迷住了婆罗多。有时，出于深情，他会把小鹿扛在自己的肩上。心中洋溢着对小鹿的爱，他醒时把它抱在膝上，睡时把它搂在怀里。就这样，婆罗多从调弄这头小兽之中，感受到极大的乐趣。”参见《薄伽梵往世书》，徐达斯编译，陕西师范大学出版社，2017 年，第 149 页。——译者注

② “由于至尊主的恩慈，大痴婆罗多能够记起自己的前世经历。故此，他虽出身婆罗门之家，却害怕与亲友邻人的亲近往来会使自己退堕。出于这种想法，大痴婆罗多在人前表现得如同愚人疯汉——又聋又哑又傻，以此避开俗世的纠缠。但在内心深处，大痴婆罗多一直冥思着至尊主的莲花足，唱赞着他的荣光。”参见《薄伽梵往世书》，徐达斯编译，陕西师范大学出版社，2017 年，第 151 页。——译者注

限者，他活着只是需要耗尽他的累世业力（Prarabdha-Karma）。

随着时间的推移，他的父亲离世了，其他的儿子们决定分配父亲的财产，他们认为最小的弟弟只是一个木讷无用的年轻人，他们拿走了他应得的部分。他们只给他维持生活的食物。他的嫂子们对他也很苛刻，逼他去做所有的重活，如果在有些时候他没有达到他们的要求，他们就会虐待他。但他没有表现出任何的沮丧和担忧；他也只是沉默，没有任何言语。当他们逼迫太甚，他便外出散步，并一小时又一小时地在树下静坐，直到他们的愤怒平息，他又独自安静地回家。

有一天，他的嫂嫂们虐待他过甚，婆罗多就走出了屋子，到一个林子的树荫下歇息。恰巧，国王拉祜戛纳（Rahugana）坐着轿子经过。因其中一个轿夫突然病倒，国王的随从正要寻找一个人来，好替代他的劳作。他们碰到婆罗多坐在树下，见他身体如此强壮，于是就询问他能否替代生病的轿夫。

婆罗多还没有回答，国王的随从就一把抓住他，把轿子的杠杆搭在他的肩膀之上。婆罗多还是保持沉默，一语不发，跟着其他轿夫往前走去。很快，国王发现轿子抬得不平稳，他朝外看，对这位新的轿夫说道："傻子，歇一歇；如果你的肩膀让你疼痛，就歇一歇。"于是，婆罗多放下轿子的杠杆，生平第一次张开嘴巴说话了：

"国王啊，你在说谁是傻子呢？你在命令谁放下轿子？你在说谁的疲惫与劳累？你口中的'你'究竟是指谁？国王，如果你认为'你'这个词指的是肉体，其组成与你的肉体并无差别；它无知觉，不知疲倦，也不知痛苦为何物。如果它指的是心意，它同样与你的相同；它是普遍存在的。如果'你'指的是前两者之外的自我，在我之内的实体，也与你的无异，全宇宙的皆属同一。国王啊，你是说自我会疲惫，自我会受伤吗？我并不想这样，国王啊——我的肉体并不想这样——踩到那些爬行在路上的可怜的虫子，所以，当我试图避开它们时，导致了轿子的不平稳。但是，自我绝不会是疲倦和虚弱的，也从未承担轿子的杠杆；因为他无所不能，又无处不在。”

国王拉祜戛纳，听完婆罗多的此番言说，对其学识、智慧和深刻的哲学敬佩不已。于是他从轿子里面走了下来，俯倒在婆罗多的脚下，说道：“我请求您的原谅，伟大的人啊；在我要求您扛轿子时，我并不知晓您竟然是一位圣者。遇到您真是我的幸运。请教导我关于自我的知识吧。”

“国王啊，”婆罗多说道，“自我的知识是最高的知识。但是，只要人们认为他能在短暂无常的世间寻得幸福，自我的知识就不会升起。”

“因自我在三德影响之下的辨识作用，人们就仍受制于他自己的行为，无论是善行还是恶行，都将是一种桎梏。善行或恶行只依附于心意，而不会胶着于真正的自我。心意就像是自我的附属品。神圣的自我在与心意的关联和辨认之下，表现为个体的灵魂。或善或恶的行为总是与心意捆绑在一起，导致了它们或优或劣的降生。人们根据自己的行为获得快乐或苦难。因此，心意既是束缚之理由，同时也是解脱之原因。

“心意总是关联着三德的运作，成为束缚与苦难的起因；然而，当它们之间的关联被解开，自由与平静就将随之而来。

“永恒的主体，永恒的目击者，即真我——他永不受任何一种行为或思想的影响。他超越于心意和感官之外。他就是光本身。他是神——那拉亚纳（Narayana），因为‘他寓居于一切存在者的心中’。他是瓦苏德瓦，因为‘他是一切存在者的庇护所’。他还是摩耶的统治者，并以主宰的身份，居住在所有他所创造之物的心中。

“人类陷身于生死之轮中兜兜转转，直到他们觉醒过来，并且，通过控制激情，他们将摆脱摩耶的束缚，知晓神圣自我的真理。一个人只有从自己的心意中解脱出来，并知晓自我的真理并不同于心意，才能真正获得救赎或自由。正是心意，引起了人生的所有悲苦、妄想、疾病、嫉妒、贪婪和愤怒的经验。心意是所有这些经验的载体。用知识之剑征服心意吧，这剑是因敬拜作为万师之师的神而趋于锋利的。

“只有唯一的真理，唯一的实在——它是知识本身，统一的意识，纯粹，永恒不变，超越主体和客体。这一知识，就被称为神——挚爱之神。

“人们仅仅通过学习吠陀经典，或是利用苦修，或是借助善行，都不能获得这样的知识。只有与伟大的灵魂建立起联系，才能如愿以偿。当心灵变得纯粹，人们在冥想心中挚爱的神时，将体验到喜乐充满之感。知识的火焰燃尽无明之罪孽，人们将觉悟到‘梵我一如’，并抵达生命的终极目标，抵达挚爱之神的家园。

“事实上，这一世界就像是一座巨大的森林，人们已经迷失其中。于是，森林里面有小偷和强盗——感官和感官经验，他们抢走了我们真正的财富——内在的神性。我们面前会有一片片海市蜃楼，我们一旦看到，就会去追逐，以满足自己的饥渴。我们为了满足内心享乐的欲望，迷醉于海市蜃楼一般的世界森林之中。有时，我们记起了世间之物并不值得真正追求，但是，很快又会忘记。我们在世界森林中绕了一圈又一圈，找来找去，就是找不到出来的路，直到碰见善良的旅者，那些伟大的解脱者的灵魂，他们向我们揭示了走出森林的道路。自律的智者们，已经获得了自由，为我们指明通向自由之路。

“哦，拉袥戛纳国王啊，如今，你也正迷失在世界这座巨大的森林之中。弃绝所有的依附，善待一切的生命与存在者。举起智慧之剑，用敬拜、冥想和服务之举让它更加锋利起来，斩断无明的束缚。”

婆罗多说完了这一番话，国王满怀敬意地俯首在他的面前，敬拜圣者。然后，他们相互告别，婆罗多继续教导他已经觉悟到的真理，国王则返回王宫，潜心体悟婆罗多的教诲。

第四章
真理唯一，其名不同

真理只有一个，圣人却用不同的名字称呼它。[①]

神只有一个，绝对的真理只有一个，绝对的实在只有一个。来自不同国家的人们以不同的名相，敬拜同一个神。这些名相只是无限者的不同面相而已，是无限者的一个个部分、一个个维度。

在巴德拉施瓦王国（Bhadrasva-varsha）[②]时期，国王巴德拉施瓦（Bhadrasravas），还有他的大臣和侍从们，在他的领地哈雅戈利瓦（Hayagriva）一起敬拜爱神，他们是这样赞颂他的荣耀：

---

① 此箴言最初来自《吠陀经》。大意是：真理只有一个，在不同的时间与国域，不同的圣人会用不同的话语来重述它。而真理本身并不被人类所真正理解，也不被任何文化与宗教语言所垄断。也有圣者说，唯沉默是真理的唯一语言，余者尽是言不及义的可怜翻译。辨喜："你可以是二元论者，我可以是一元论者，你可以相信你是永恒的神的仆人，我可以宣称我与神是一体。两者都是好的印度教徒（或宗教徒），何以如是，吠陀的经文可诵——'实在虽为一，圣人异其名'。"亦参见 *The Complete Works of Swami Vivekananda*, Kolkata:Advaita Ashrama,2005 Vol. Ⅲ p.113。——译者注

② 古人如此称呼世界的东部地区。所有这些以瓦沙（varsha）结尾的名字，都是国家的名字。——原注

“我们向达玛之神（Dharma，正法）致敬，他就是真理的化身！他是我们灵魂的救赎者和净化者，向他致敬！

“生命就像一阵风，刚刚吹起，便瞬息散去。何其迅捷，何其神奇，稍纵即逝的生命啊！然而，由于神秘的无明幻力，使人们始终迷恋于他的生命，将精力浪费在短暂的享乐主义之上。唯独智者才会在他们的内心深处，觉悟到所有事物的无常秉性，也只有他们，才能在最深层的冥想中经验着真理的永恒。

“我们向你致敬，哦，主神！
你的力量神秘莫测；
你是一切的自我，
却又超越了一切。
在世界的消融之际，
黛蒂亚（Daitya）——无明的化身，
偷走了《吠陀经》，这神圣的知识，
是你，从幽冥之域的深处，取回《吠陀经》。
呈现为哈雅戈利瓦的幸福与祥和，
你再一次确立真理，
将《吠陀经》的知识传给你的儿子大梵天。
你是真理，你的一切愿望都真实无误：
我们再拜，再一次向你致敬！”

在哈利瓦沙王国（Hari-varsha）时期，伟大的信徒帕拉达（Prahlada）和他的随从们，在他的领地讷西哈（Nr-Simha）敬拜神。

他们将自己全部的灵魂敬献给了神，心中充盈着对神的挚爱。他们这样歌唱神的荣耀：

“我们向你致敬！你是无限的神，
讷西哈是你的显现；
你是一切光明的来源。
为我们驱逐无知的暗夜；
为我们烧毁所有恶欲和恶业的种子；
让我们无所畏惧。我们向你致敬！

“神啊，你的祝福遍及群伦；
愿人人得益。
尚存恶念者亦能有望实现至善，
从此走入善道。
愿一切造物彼此友爱，彼此善待；
愿人人为公；
愿人人觉悟内在之善。

“愿我们不再依附于世俗之物；
若是我们心有依恋，
那依恋的对象，既非亲戚，亦不会是朋友，
除非是你的信徒，是爱你的奉献者。
因为，唯有你的爱人和奉献者，才知晓真理，
居住于你的喜乐意识之中，

歌唱着你的荣耀。

和他们的关联，让心灵得以纯净；

这些心灵纯洁的人，真切地爱着你，

借着他们的爱，获得你的荣耀和力量。

“正如水是鱼儿的生命，

你是一切存在者的生命和灵魂。

没有你的生命，无疑是空虚的：

在这个世界上活着，将毫无意义，

那一定是痛苦和死亡的居所，

遍布愤怒、悲伤、嫉妒、骄傲、恐惧和所有的恶行。

然而，一旦人们知晓了你，他的生命将变得神圣，

他的内心将会流动着一条喜悦的河流，

何等神圣、何等纯洁。”

在科图马拉王国（Ketumala-varsha）时期，吉祥天女拉克什米（Lakshmi Devi）带着她的随从们，将无限的主神作为她的爱人来敬拜，她这样祈祷着：

“我们向你致敬，诃利希凯撒，

你是感官之主，诸神之王，

你显现为一切的善。

你是所有劳动的主神，

你是所有知识的主神，

你是心意的主神，

你是所有客体的主神。

你是吠陀的化身，

你是生命，你是无限，

你是生命中的生命，灵中之灵。

你是勇气，

你是感官的活力，

你是身体的力量，

你是希望，

我们向你致敬；

你是我们挚爱的主。”

在让姆亚喀王国（Ramyaka-varsha）时期，我们挚爱的神显现为马特斯亚（Matsya，大鱼）来接受崇拜。以下是祈祷词：

“我们在马特斯亚神圣的领地，向你致敬，

你是所有力量、物质和精神的显现。

你寓于一切存在之内，你也外在于这一切存在。

无人知晓你的真容。

你是宇宙的规则。

你是所有人的支柱、所有人的庇护。”

在西让玛雅王国（Hiranmaya-varsha）时期，神化为库玛尔（Kurma，灵龟）被崇拜，以下是他的荣耀：

“我们向你致敬，库玛尔！
你无所不在，你是一切的后盾。
你超越空间、超越时间，
你表达为每一个存在者，
并居住在这纷繁宇宙的每一个事物之中，
你的形态无穷变幻，
你的名字不计其数，
你是知识，使意识合一的知识，
我们在此向你致敬！”

在乌塔拉库鲁王国（Uttarakuru-varsha）时期，他呈现为瓦拉哈（Varaha，野猪），受众人敬拜。他们如此赞颂：

“我们向你致敬！
你是世界，你是真理，
你是祭品，你是祭祀本身；
你是所有灵魂的灵魂；
就像火隐藏在木材之中，
你隐藏在身体和感官之内，
借由灵性的分辨和高尚的行为，
智者们的心灵和心意变得无比纯粹，
他们寻找你，并发现了你，
借助这神秘的摩耶，

正是你自己的幻力，显现为这纷繁多样的世界。

在深度的冥想之中，这些自律者觉悟到你绝对的本质。

我们向你致敬！”

在金普鲁沙王国（Kimpurusha-varsha）时期，人们敬拜无限之主的另一个化身——罗摩。伟大的信徒神猴哈奴曼（Hanuman）和他的追随者，为主神献上了全部的身心之爱，并歌唱罗摩的荣耀：

“我们向你致敬，罗摩！

所有的至高者在你之中显现出来；

你是纯粹和圣洁的化身。

我们庇护在你的莲花足下，哦，罗摩，

你是宇宙精神的化身。

经典所指出的，那唯一的至福实在——

正是你。

这纯粹的合一的意识，是你的本质；

你超越了知识，

超越一切名字、形相和属性；

心灵纯洁之人觉悟到，你与梵是一体的。

你是宇宙的灵魂，

你是一切的主神。

你的喜悦源自你自身的极乐之源；

尽管你降生为十车王的儿子，

作为世上活生生的真理，

将弃绝的理想摆放在人类面前。

你是智者的朋友，

一切朋友都深爱着你。

出身好、地位高、聪明过人都将变得无意义，

如果，他们并不爱你的话。

请允许我们这些祈祷者，哦，罗摩啊——

也都能够爱你，

并且获得永恒的宁静和幸福。

确乎哉，你即是神的显现，罗摩。”

在婆罗多王国（Bharata-varsha）时期，神以那拉亚纳的面目出现，他是责任、奉献、弃绝、智慧、自律、无私和亲证自我的典范。圣人纳拉达，他教导不同种族不同肤色的印度人如此祈祷：

“我们向你致敬，那拉亚纳（Narayana，即克里希那，毗湿奴的化身）！

你是感官之主人；

你是穷人之财富，

你是智者的导师，

你是圣人的主神，

他们冥想神圣的自我而臻获喜乐。

“你是宇宙的创造者、维系者和毁灭者，

但你也不是任何行为的执行者。

你存在于一切身体之内，
但身体的任何属性丝毫不会影响到你。
你是目击者，是所有客体的知晓者，
但现象的变幻，改变不了你那永恒的本质。
你独立，毫无依附，你是一切的知晓者，
但又超越了一切。

“哦，你是瑜伽士的主神，
所有瑜伽的秘密和技能，是为了促成心灵与你合一。
借由爱的瑜伽，我们从私我中解脱出来：
那是不朽的秘密。
如果一个人依旧陷于死亡的恐惧，
并为亲朋的离去和财富的丧失而忧伤，
那研习经典又有什么用呢？
摩耶的力量无比强大：
放弃物质欲望是困难的。
哦，请教导我们瑜伽的奥秘，
让我们摆脱所有的欲望、所有的幻觉。”

人类是所有的生命中最高层次的存在。作为人类，我们可以奉献自己的全部身心给神，从而获得智慧和自由。在印度这块极为神圣的土地上，曾诞生出无数伟大而自由的灵魂。通过与他们的联结，我们学会了如何去爱神——这一切灵魂的主人。当我们对神的爱升起，无明便消失，我们也就愈加配得上这一份自由。

我们感到无比荣幸，能够出生在印度这片神圣的土地上。因为这里孕育着爱、奉献、崇敬、冥想的理想之境，所有这些都将引导我们觉悟内在之神灵。作为一位真正的崇拜者，并不是为了任何自私的理由，我们才献身给神。最高的理想——即在印度的一个活生生的理想——就是单纯地为了爱和智慧，去爱他，去崇拜他。

将这一最高的理想作为你唯一的目标，去爱他，为他服务，崇拜他，冥想他；唯此，你将觉悟至善。

第六书

引言

这位苏塔歌人继续为叔迦讲述《薄伽瓦谭》。现在，这里的内容则是毗耶娑开始叙说的关于古老灵性真理的一则故事。

第一章
阿伽弥拉的故事

如果一个人犯了罪，却未在此世赎罪，那他将会在下一世受惩罚，他将遭受巨大的痛苦。因此，一个懂得自我控制的人，应当在此世及时赎清罪愆。

赎罪或悔改，对一个明知它们有害，却仍要继续犯罪的人来说，似乎是愚蠢的无益之举。就像一只大象，洗完澡之后，它马上又在泥地里打起滚来，那洗澡的洁净行为就成了一场徒劳。所有的恶念与恶行皆起于无明。赎罪则源自光明，这就像大火可以烧毁一切，知识之火也能够烧毁所有的罪恶与无知。对我们内在生命之彻底改造，那是非常有必要的；而完成这一改造，我们必须控制好心意和感官，践习冥想，谨循真理且活出真理。

而彻底改造人心的伟大秘密，那就是对神之爱的真正萌生。正如太阳升起，露珠便蒸发掉了，当对神之爱一旦升起，所有的罪恶和无明，也将会灰飞烟灭。

即使是最邪恶的人也将变得纯洁，如果他虔敬地臣服于挚爱的神，并全心全意地服务于神的信徒，爱的道路总是通往至善之境界，它是帮助我们摆脱罪恶的道路中最简单易行的那一条了。冥想挚爱之神克里希那的莲花双足，你将超越死亡，对死亡的恐惧，也将不复存在。

这里，有一则古老的故事，讲述的是阿伽弥拉（Ajamila）如何免除邪恶之死的事情。阿伽弥拉出生于婆罗门的家庭，娶了一个低种姓且有犯罪前科的女人。他轻易就染上了恶习，变得非常不诚实。他有十个儿子，最小的一个儿子与神同名，叫那拉亚纳，与他最亲近，时常喊着他的名字。

现在，阿伽弥拉躺在那里，已经奄奄一息，他迷迷糊糊看到面前出现了三个丑陋的恶魔，正准备从他的身体里夺去他的灵魂。他们都是死神的侍从。阿伽弥拉受到了惊吓，叫唤着他的儿子那拉亚纳，但是，当他叫出那拉亚纳的名字时，他的心意便集中在了挚爱之神的莲花双足之上。

当他这样专注于神，毗湿奴的侍从就从天而降，并制止死神的侍从。

于是，死神的侍从就问道：

"为何你们前来妨碍我们履行合乎自然律则的规定呢？所谓'人怎样播种，人也怎样收获'，人类受制于他的三德能量，因为在这一个人的身上，其中有一德的力量占据了主导地位，在另一个人的身上，可能会是另一德的力量占据主导，所以，世上之人分为三种：一种是平静安详的，一种是动荡不安的，还有一种，则是木讷懒惰的。人类因此或快乐，或悲苦，或喜悲兼有。他们下一世的本性也是按照这个律则规定的。当前的生命状态是过去经历的反映，未来的生命状态则由当前的行为决定。无知者只着眼于当前；他的视野只局限于肤浅的现象之上，他既不了解过往，也不知道未来。

“人类不只是物质的身体，其存在远不只是他所展现出来的那一部分。他的行为在他的精微之身也会留下潜在印记。这些印记控制了他的行动和他未来的命运，同样道理，他的未来也要受到当前行为的影响。

“我们是死神的侍从。我们能读取一切生命的过去、现在和未来。我们遵循自然律则，来到这里，根据一个人此世的生活，并依照这种律法来处理他。

“眼前的这位婆罗门阿伽弥拉，年轻时非常虔诚和善良。那时候的他，也曾熟读经典，自律，诚实，纯洁，善待所有的生命。然而有一天，他在树林里面采摘鲜花用以祭拜，碰巧，他发现了一对年轻男女正在调情。他起了很强的色欲之心，失去了自控能力，变得异常痴迷于这个女人，而这个女人出身低贱，染有很多的恶习。阿伽弥拉为了她，抛弃了他合法的妻子，放弃了一直以来的纯洁生活。他变卖了所有的家产，只为了取悦这个女子，而当他倾家荡产之时，他又用很不诚实的手段来维持他的生计。就这样，他在罪恶中生活了很多很多年。现在，他将带着自己的罪孽死去。他将为其过往而被迫赎清自己的恶行，我们将要带着他去面见死神，死神会给出最公正的惩罚。他将经历的苦行，其实是对他的净化。”

毗湿奴的侍从们回答道：

“但是，这位婆罗门喊出神的名字，并臣服于挚爱之神时，已经赎清了他所有的罪孽。不管多么邪恶的一个人，如果他爱着神，并臣服于神，就成了神的爱人和神本身。仅仅是念出神的名字，就能够拯救最堕落卑微之人。只通过赎罪，并不能根除人类心中的邪恶，如果心中仍有错误的念想，赎罪也将无济于事。但是，一旦神的名字或神的爱净化了他的内心，一切的罪恶都将消失匿迹。

“所以，你们没有权力夺走他的灵魂，因为他已经通过念诵神的名字，以及臣服于神的莲花双足，从那一切的罪恶中获释了。”

死神的侍从们发现自己丧失了权力，只好离开了。

随后，阿伽弥拉恢复了意识。他还能看到毗湿奴的侍从站在他面前，但正当他准备向他们表达爱和感谢时，他们就消失了。

阿伽弥拉逐渐恢复了健康。他想：“我真的是得到了莫大的祝福。我曾过着何等恶劣不堪的生活啊，但是神赐予我无限的仁慈，让我见到了毗湿奴的侍从，也许，那只是因为我过去还积累过一点点的善行。如今，我感到自己的心灵得到了彻底的净化。我的整个生命似乎都被这种情感转化了。”

从此以后，所有恶行再也不能引起他的兴趣。他放弃了对妻子、孩子和家庭的所有依附，他独自前往恒河的岸边定居下来，并练习瑜伽与苦行。他的感官得到了控制，他的心灵、大脑也渐渐与神合而为一。多年以后，他持续练习专注和冥想，而他的心意，现在就像一束无风的火焰，十分稳定，他一心专注于神——最高的灵魂。

事情的终了，死亡又一次临近了，但是，这一次他看到的居然是毗湿奴的侍从来迎接他。他向他们跪拜，内心冥想着神，舍下了他的肉体。他登上了等候着他的天车，和毗湿奴的侍从们一起升往天界，在那里，没有悲伤，也没有疾病与死亡。

通过念诵神的名字，并冥想着挚爱的神，阿伽弥拉终于摆脱了一切业力的纠缠。实在没有比神的名字更为圣洁的事物了，它彻底清除了人们的所有杂染。

第二章
达克沙对非人格神的祈祷

达克沙（Daksha）是摩尼的儿子，他歌唱神的荣耀，以此向神礼敬：

“至高的神啊，我们向你致敬！
纯粹的意识是你的本性：
你是摩耶与万物之神的律则。
他们所知的，并不是你的神圣本性，
因他们生活在三德的限制之中。
你是自存者和自照者，
就此，谁能够定义你呢？

“正如被视之物不懂视者的感受，
无人了解真正的目击者！
你是全知的目击者，
你寓居在一切心灵之中。

“我们向你致敬：你是天鹅，你是纯粹的精神；
你的本性在最深的冥想中显露出来，
当人们的心意集中于你，
就超越了一切的名相意识。

“正如火性蕴含在一切木材之中，
你也同样隐藏在所有的身体之中！
智者将心意与智性专注于你，
在你的藏身之处找到了你。
请将你的仁慈赐予我们吧！

“其实，你是你自身的目击者，
你在经验你自己的喜乐，
你控制着摩耶，由它而诞生出这一个纷繁复杂的大宇宙。

“你拥有无限的力量，
无穷的形态，
你是一切存在者的灵魂。

“语言不能表达你，
智力不能知晓你，
感官不能触及你，
心意不能捕捉你：
你超越万有。

“你是因，你是果；

你是行动，你是行动者；

你是工具，你是工作；

你是万因之因：

你是一切中的一切，

无物能够超越你。

所有的宗教因你而来，

所有的经典从你而出，

你是所有知识的建立者；

然而这些都不足以揭露你无限的本性。

因你正是至高无上的；

你是无限，绝对，非人格，超越了一切的名相。

“你是无边无际的喜乐之洋：

正如无形的海洋受到严寒的影响，它被塑造成各种形状，

你通过崇拜者们强烈的爱，呈现为无数的名相，

以愉悦他们的心灵。

你的爱源自你无限的仁慈，

请赐予我你的爱吧！

“善良是我的形相，[①]

---

① 此处，达克沙突然与神合一了，与前面的一些地方有类似之处。——原注

持咒（Japam）是我的身体，

祈祷是我的四肢，

苦行是我的心灵，

美德是我的意志，

信徒是我的主要力量：

我是存在、知识和绝对的喜乐。”

第三章
纳拉达教导弃绝的理想

达克沙的儿子们，叫作哈里亚士瓦（Haryasvas），他们几乎有着相同的品格和心灵，他们去往一个叫作那拉亚纳萨拉（Narayanasaras）的圣地，那是印度河汇入大海的出海口。他们生活在圣人的群体中，他们的心灵也因此变得无比纯净。

一天，圣人纳拉达靠近他们，说道：

"哦，哈里亚士瓦们，你们知道土地的尽头吗？倘若不知晓土地的尽头，所有的苦行都只是徒劳。

"有一个王国，被唯一的一位国王统治。

"有一口井，进去就不再复返。

"有一个女人，呈现为各种形象。她的丈夫只有一个。

"有一条河，朝着两个相反的方向流动。有一座房子由二十五种不同的材料建成。

"有一只鸟，拥有强大的分辨能力，而且能唱出最悦耳的曲调。有一个物体，处于永恒的运动中。

"当你理解了这些各是什么，你就知晓了真理，并臻获自由。"

达克沙的儿子们从纳拉达的口中听得这些令人困惑的话语后，开始冥想这些话语，并从他们的内在世界获得了答案。

“土地是这私我。私我的终结，便是神圣自我的显现，人们将因此获得自由。

“王国就是这宇宙，宇宙之神是这一至高王国的国王和律法。我们只有知晓了这位永恒自由的唯一者，并向他献出我们的全部身心，否则，所有的努力都是徒劳。神，是这一切光芒的源头，他正是这一口井，发现他之后，我们将不再降生。

“女人是这人类变幻莫定的心意，依照三德的不同影响，而呈现为各种各样的波动形式。她的丈夫即神圣的自我，由于将自我与心意认同，与之并行互动，他便陷入了三德所织就的罗网之束缚中。就像丈夫因为和专横的妻子相处，而最后失去了独立一样，自我也成为心意的奴隶而丧失自由，并且他将同时经验各种二元事物的对立矛盾，譬如快乐和痛苦，成功与失败，出生和死亡，等等。

“这里的河流就是那条摩耶之河，只要我们仍旧困在摩耶的水流之中，我们就无法知晓自由的真谛。①

“由物质的、精微的、因果的这三层身体构筑成了这样一座房子，它的二十五种材料即组成身体的二十五种范畴，而自我就身居其中。

“伟大的圣典就是那只具有分辨力的鸟儿，它通过神圣的曲子，教导我们分辨真实和虚假。

“时间就是那永恒运动之物，是它引起了整个宇宙的运行。

“通过超越一切空间运动与时间的观念，我们就会找到平静。”

当哈里亚士瓦们领会到了纳拉达所言说的真理，他们谨循婆罗门之道，最终获得了绝对的自由。

---

① 摩耶之河流会向两个相反的方向流动，一边引导人们流向更深的束缚，一边引导人们流向自由与解脱。——原注

第四章
契塔可图的故事

国王啊，人类的诞生确实是深受神的祝福的，因为它是一种趋向自我意识的高级进化，并激励更深层的生命成长。只有人能够知晓最高的真理，并臻获圆满；可是，唉，只有极少的人会去探索什么对他们有益、什么对他们有害。对自由有大渴望的人那就更少了；而学习真理并果然臻获自由者，那更是少之又少。平静的灵魂确实非常稀少，他们借由心灵与神的合一，亲证到了至善的境界。

现在，由我为你讲述一个古老的故事，来阐释我要教导的真理。

苏拉塞纳（Surasena）曾经住着一位著名的国王，名叫契塔可图（Chitraketu）。他心中的每一个愿望都实现了——除了那唯一的一个之外；但是，由于这一个愿望没有实现，他就非常地不快乐。无论是他的无穷财富，还是他拥有美丽的妻子，或是旺盛的精力，抑或是众多的妃嫔，都不能令他满足。他想要的是一个儿子。

一天，伟大的圣人安吉拉（Angira）来拜访他的宫廷，圣人看到国王的满心忧伤，于是决定开导他，为他找出悲伤的原因：

“能够征服自己心意的人，他就能够征服宇宙。你看起来很是难过，像是有什么愿望无法被满足。”

国王带着对圣人深深的敬意，回答道：

“尊敬的师者啊，你是一位伟大的瑜伽士。你已成为一位不朽者，并知晓一切事物最内在的秘密。因此，你也一定知道我的想法和渴望，但是，既然你希望我来表达它，那我就按照你的意志来做好了：我已经拥有了人间的一切，除了一件事情之外，这让我开心不起来。这件事情就是：我需要一个儿子！”

圣人安吉拉为国王的这一请求稍稍感到遗憾，但还是愿意为国王和王后祈祷。当圣人离开时，他说：“你将会有一个儿子，国王，但作为你亲爱的儿子，他不仅带给你欢乐，他也将给你带来悲伤。”

没过多久，他的儿子果然诞生了，国王契塔可图的快乐无法言喻。然而，正如圣人所语，他的快乐很快就被悲伤所取代，——那就是有一天，卫士们发现王子已经死去了。原来他是被国王那些满心妒忌的妃嫔所毒死的。

国王痛苦不堪，心如刀绞。这时圣人安吉拉再次出现，一同前来的还有神圣的先知纳拉达，他们一道来到他的面前，说道：

“你在为谁叹息呢，国王？你叫他儿子的那个人并没有死。就像河中的一粒粒沙子，每一个灵魂，在时间的洪流中彼此相遇，倏忽间又被冲散。生生死死只是就肉身而言，灵魂原本就是永恒不朽的。”

国王契塔可图因为两位圣人的来临，他的内心突然感到了一种巨大的平静，于是他说：

“哦，圣人们啊，你们究竟是谁呢？你们在地球上到处漫游，哪里有了不安和无明，哪里就有你们散发出来的智慧和平静之光。请把光明赐予我吧，以驱走我内心的诸多无明。”

“我是他，”安吉拉说，“是那个赐给你孩子的人。圣人纳拉达也将赐予你他的祝福。我们得知你的爱子的死讯，并知道你因悲痛而囚身于黑夜之中。你是挚爱之神的伟大信徒。你不应该如此悲痛啊。

“我上次来看你，本可以赐予你最高的启示，而你却只想要一个儿子，于是我便许诺你一个儿子。现在，你已经知道了渴望一个儿子意味着什么。生命中的任何事物都是短暂易逝的。财富、健康、家庭、孩子——所有这些都只是梦幻泡影而已。所有的难过和悲伤皆起于人们对它们的依附和渴望。甚至连忧伤、悲痛、妄想和恐惧也都是无常的一部分。

“放弃对生活中无数对立之事物的信念。要学会辨别。只需知晓一条真理，并找到人生的平静。

“我给你一句神圣的曼陀罗（Mantram），即神的圣名。重复念诵曼陀罗，并冥想它。带着一颗自律和专注的心，冥想神，你将超越所有的悲痛，并获得不可言喻的平静。”

这时，孩子的灵魂出现在圣人纳拉达的面前，纳拉达请求他回到自己死去的身体里面，以在人世间度过有限的余生，让他的父母和朋友们得大安慰，让众人有大欣喜。

但是，这孩子的灵魂却如此说道：

“谁是我的母亲？谁是我的父亲？我没有降生，我没有死亡。我原本就是永恒的灵魂。灵魂受业力之支配，他穿越众多的出生和形象。若是关在身体的牢笼里，他将因为无明，经历复杂的人事。但我知道，我是永恒不变、没有生死的灵魂。我正是他，永恒之灵，他永远不可被物质触及，这无关这宇宙中的爱恨善恶。我是永恒的目击者。我正是他！”

话音刚落，灵魂便消失了。悲痛不已的父母从那种执着与依恋中获得了解放。他们为自己孩子的遗体举行了最后的告别仪式。

国王契塔可图，被纳拉达和安吉拉的智慧所慰藉，他俯首在这两位圣人的脚下。他们赐予他获得平静的知识。时候到了，纳拉达就教他学习神圣而神秘的冥想，并教他祈祷文：

“我们向你俯首：

极乐是你的形式；

智性是你的本性；

你是平静，你的快乐内在于自己；

你超越了人类的一切意识。

“你经验着自己的喜乐；

依恋、妄想或来自你自身的摩耶，都不能影响你；

你至高无上，是感官和一切物体的主神；

你有无穷多的面相。

我们向你致敬。

心意和感官试图寻找你，却是徒劳一场，

你在你神圣的荣耀中，被表达；

你无名无相；

你是生命和意识，

你是万因之因。

你保护着我们，引领着我们。

“就像遍在一切的以太，

你无处不在，你在一切之内；

但一切不能知晓你。

感官、心意和智性受到生命意识的激励，

这只是借来的意识之光的作用，

正如钢铁靠近火，也会散发它的热量一样。

人们通过超越感官、心意和智性，终于觉悟到你。

愿我们的心灵与你靠近！”

经过圣人安吉拉和纳拉达的教导，国王契塔可图开始实践灵性修习。很快，他的心意就被点亮，他获得了挚爱之神的视野。他感受到内心洋溢的喜悦，并臻获平静与安宁。

他继续修习，有越来越多的光明降临，并最终觉悟到了自我与梵的合一：[①]

“我正是他，是宇宙的自我，寓居于一切心灵之中。我是世界。我是最高的梵。

“我作为宇宙自我而存在，整个宇宙在我之内。

“心意有三种意识状态——清醒、睡眠、无梦的深眠态。我是它们的目击者，超乎三者之外，因为我是超意识。

“我是喜乐的自我，超乎感官、心意、智性和我慢的经验。我是梵。

“当一个人脱离了梵，他将进入摩耶的领域，因此，他将会受制

① 类似于前面的那些证悟内容，接下来的诗节中，国王表达了他自己与神合一的境界。——原注

于生死，迭受轮回之苦，从一个身体转移到另一个身体。

“不能领会神圣的自我，是人类最大的不幸。

“人们努力去寻找快乐，试图终止在这世间的苦难，但是，他永远不会抵达这一目标，因为他仍然受限于三种意识状态。只有超越这一切，走出摩耶的世界，他才能觉悟自我，并臻达目标。

“擅长瑜伽和冥想练习的人，将会知道生命的至高境界，最终目的，那就是亲证与神的一体。”

第七书

引言

于是，这位苏塔歌人继续复述叔迦天人的话，讲述《薄伽瓦谭》。现在，要讲述的内容是关于纳拉达的教义，还包括了一个富于启示性的故事。

第一章
帕拉达的故事

一天，纳拉达正在教导坚战（Yudhishthira）神圣的智慧，他如是说来：

神是值得沉思的。借由持续而深入的冥想，人们抵达真理：人与神合一，人的生命也将被转换为神圣的生命。就像一只蟑螂，当它被黑蜂捕获时，通过持续地害怕和想象黑蜂，最终变成了一只黑蜂，所以反过来也是一样的道理，通过持续地沉思神、深入冥想，你也将变得神圣。

现在，让我来为你讲述一个故事，来阐明其中蕴含的真理：[①]

希让亚喀西蒲（Hiranyakasipu）[②]是巨人族代迪亚居民（Daityas）的国王，虽然他具有高贵的血统，却经常与神交战。代迪亚居民不参与人类的献祭和供奉，也不参与世界的统治和指导。然而有一次，他们变得越发强大起来，居然赶走了天神，夺取天神之宝座，统治了一段时间。于是，天神就向毗湿奴——这万能的宇宙之主祈祷，毗湿奴

---

① 此处根据辨喜尊者的翻译，做了一些小小的调整。——原注

② Hiranyakasipu，恶魔阿修罗族的国王，hiranya，意为“黄金”，kasipu，意为“轻软衣物”。——译者注

帮助他们驱赶了代迪亚居民，他们再次掌控了统治权。后来，经过一段相当长的时间，希让亚喀西蒲依旧是代迪亚居民的国王，又征服了他的提婆神族（Adityas）的兄弟；自己登上了天堂的王座，他统治三个世界——中间的世界，住着人和动物；天堂的世界，住着神和半神（god-like beings）；下面的世界，居住着巨人族与群魔。现在，希让亚喀西蒲宣称自己是所有世界的神，除了他之外，再没有其他的神了，并且严令禁止，无所不能的毗湿奴不能在任何地方被敬拜，而所有的敬拜从今以后只能归于他，只能赞美他。

希让亚喀西蒲有一个儿子叫帕拉达。[①] 碰巧的是，这个帕拉达从婴儿期开始，就很崇拜毗湿奴。现在，国王预感到，他想赶走的魔鬼有可能在他的家中出现，于是他为儿子找来了两位管教很严厉的老师：商达和阿玛卡。他们禁止帕拉达听到毗湿奴的名字。老师们带这位王子去他们的家中，和同龄人一起学习。但是，小帕拉达并没有学习书本的知识，而是热衷于为同伴讲解如何崇拜毗湿奴。当老师发现之后，他们因为害怕暴虐的国王发怒而非常恐惧，于是竭尽全力地劝阻这些孩子。但是，帕拉达根本停不下来他的教导和对毗湿奴的崇拜，就像他不能停止呼吸一样。商达和阿玛卡觉得有必要把这个可怕的事实告诉国王——他的儿子不仅自己崇拜毗湿奴，还影响并污染了其他的孩子。

---

① 印度神话中，所有的提婆神族都是毗湿奴的奉献者，而所有巨人族代迪亚是阿修罗（Asura）中的一族，与提婆神族敌对，都是无神论者。虽然帕拉达出生于巨人族，是群魔之后代，但从童年起，他就是一位伟大的奉献者。因为他的奉献服务和神圣的本质，被认为是克里希那奉爱者的杰出代表。《薄伽梵歌》第十章中说："群魔当中，我是魔王帕拉达。"——译者注

国王得知这个消息，暴怒不已，把儿子叫到自己跟前，强忍怒气，以温和的口吻劝说他放弃对毗湿奴的崇拜，告诉他，——国王，你的父亲——才是唯一值得崇拜的神，且不需要任何的理由。但孩子一遍又一遍地宣称万能的毗湿奴——这宇宙的主人，才是他崇拜的对象。因为，即使是他，国王，也只有在毗湿奴同意的时候才能保住他的宝座。“即使征服了整个宇宙，也不值得有任何的骄傲，”帕拉达说，“如果一个人没有征服自己的野心。那不受控的心意，就是我们最大的敌人。最伟大的征服，是征服我们自己的内心。”

作为国王的父亲怒不可遏，立即下令处死这个男孩。于是巨人族用尖锐的武器刺他；可是帕拉达的心意专注在毗湿奴那里，完全感知不到疼痛。

当他的父亲看到这一幕场景，变得害怕起来，可是这却又激起了一种最恶毒的魔性情感，他准备不管一切，无所不用其极地试图杀死他。国王命令将他置于大象的足下，受其践踏。然而，奇怪的是，愤怒的大象居然伤害不了这个男孩，而它原本是能够踩碎一块铁的。所以，这样做也没有任何意义。于是，国王下令把男孩从高高的悬崖扔下去，他的这一命令也被执行；但是，毗湿奴居住在他的心中，帕拉达轻柔地落在地面上，就像是花儿飘落在草地上一样。毒药、火刑、饥饿、投井、魔咒等等手段，不断地施加于帕拉达身上，但都没有产生效力。任何惩罚手段都不能伤害到他，因他心中居住着毗湿奴。

最后，国王召唤来自下界的巨蟒，令其缠住男孩，然后投掷到海底，再用巨大的山脉压住他，就算不能立即毙命，随着时间的流逝，他也一定会死去。即使受到这样的酷刑，男孩仍在向他心爱的毗湿奴祈祷：“向你致敬，宇宙之主，美丽的毗湿奴啊！”这样想着并冥想毗湿奴，他感到毗湿奴就在他的身边——不但如此，他感到毗湿奴已进驻了他的灵魂之内——直到最后，他开始意识到他正是毗湿奴，而且，他无所不是，无处不在。

他一旦意识到这一点，紧紧缠绕的蛇断裂了，巨山被摧毁了，海洋翻腾了起来，他被海浪轻轻地托举，并被安全地送到了陆地。当帕拉达站起身来，他完全忘记了自己是一个代迪亚，忘记了自己这副血肉之躯；他觉得自己就是整个宇宙，所有的宇宙能量皆由他而发出；他自己，正是这一自然律则。时间不断地流逝，而他一直深处狂喜状态，慢慢地才记起来，他还有一个身体，他是巨人族王子帕拉达。他再次意识到了自己的身体，看到的里里外外都是神；一切事物在他眼中都成了大神毗湿奴。

当国王希让亚喀西蒲沮丧地发现，所有暴力的手段都用尽了，也不能让他自己的王子放弃对他的敌人毗湿奴那不可救药的崇拜，他非常失望，不知道该做些什么。他又将这男孩带到他面前，再次尝试用温和的话语劝他听话。但是，帕拉达的回答依旧没有变。他想，也许随着年龄的增长以及严格的教育，这顽固的孩子会有所改变，于是，他再次把男孩交给了商达和阿玛卡两位老师，教他今后如何履行王族的责任。但是，这些课程并不能引起帕拉达的兴趣，他又开始教导他的同学们忠于毗湿奴的奉献之道。

当他的父亲听说这事之后，无法阻止他的雷霆之怒，就把男孩叫到面前，用最可耻的话语羞辱毗湿奴，并威胁要杀死帕拉达。但是帕拉达仍然坚信毗湿奴是宇宙之主，无始亦无终，无所不能，无处不在，因此，只有他值得被众人崇拜。国王听后，十分愤怒，咆哮起来："你这个魔鬼，如果毗湿奴是遍在的神，为什么他不在眼前的这根柱子里面？”帕拉达谦逊地回答他，没错，毗湿奴大神确实在柱子里面。

“如果是这样，”国王大喊着，“让他来保护你吧！”于是，他朝着柱子大吼道：“我要用这把宝剑杀了你！”他冲向了柱子，重重地砍下去。瞬间一阵轰轰的雷声，看哪，毗湿奴以他最可怕的尼希姆哈（Nrisimha）形象——半狮半人兽从柱子里面出来。除了国王之外，代迪亚居民极度恐慌，四处逃窜；希让亚喀西蒲拒绝逃走，单枪匹马与毗湿奴作战。双方展开战斗，最后，国王被尼希姆哈制服，并被杀死。

这时，天神们从天堂下降，为毗湿奴唱诵圣诗，帕拉达俯倒在他的脚下，内心无比狂喜，唱起了赞美和奉献的圣歌。他听到神在跟他说：“告诉我吧，帕拉达，告诉我任何你所渴望的事物。你是我最喜爱的孩子；告诉我任何你想要实现的愿望。”帕拉达抑制住激动的心情，说道：“神啊，我已经见到了你。我哪儿还会有其他的愿望？请别用世俗或天堂的恩惠来诱惑我了。”这个声音又说道：“不，孩子，说说你的愿望。”

帕拉达于是回答道：

“神啊，就像无知之人对世俗之物那般强烈的爱，愿我对你也怀有同样热烈的爱；愿我这样强烈地爱着你，但只是为了爱而爱。”

接着，大神毗湿奴说：“帕拉达，虽然我的信徒们，从来不会渴望现在或未来的任何事物，然而，我要命令你享受世界的幸福，直到当前周期的结束，让你的心专注于我，去执行宗教的仪式。等到时机一到，你的身体消融，你将抵达我的居所。”毗湿奴大神为帕拉达赐予了祝福之后，便消失了。

天神们在梵天的带领之下，助帕拉达登上代迪亚的国王宝座，返回了各自的天球。

第二章
生命的层次

然后，坚战继续向纳拉达询问，这次是关于生命的不同阶段，应当履行的不同责任。纳拉达回答他说：

所有宗教仪式和灵性修炼的主要目的，是为了自我控制和冥想的圆满。

身体就像一辆马车。感官是马匹。心意是缰绳。智性是马车夫。生命力就是车轮。美德和邪恶则是车轮上面的辐条。感官的对象构成了人间的道路。私我是这一切的享用者，坐在马车的上面。生活中的愤怒、仇恨、嫉妒、悲伤、贪婪、妄想、骄傲和欲望，则全是在道路中遇到的敌人。

当自我控制的马车夫能够驾驭好马车，他的心灵将变得纯净，逐渐发现内在的神圣恩典。智性分辨的利剑，经知识打磨锋利，带着它，就能战胜所有的敌人。他将变得无所畏惧，并享受着神圣的喜乐。

有些美德，是所有人在人生的每一个阶段都应该培养的。譬如真诚，友善，谅解，分辨，控制心意，驾驭激情，不害，自制，慈善，坦率，知足，忠诚于灵性导师，停止闲谈，寻找最高的真理，像对待神一样去服务一切生灵。

还有一些真理，通过圣人的经验揭示出来，值得全人类谨记在心。人类的出生是一扇门，通过这一扇门，人们根据此生的行为分配更高或更低的出生。这也是一扇通往更高生命目标的门，通过它，我们就能够获得绝对的自由。

当人们不再通过这扇门去追寻感官享乐，而能够学会专注于内在的世界之时，他将寻得平静和喜乐。

迷恋财富和世俗生活，是一切恐惧、悲伤与妄想的根本原因。人们应当停止寻找财富，并放弃世俗享乐。

蜜蜂历经辛苦，采得蜂蜜，而蜂蜜却被人类盗走。类似地，那些拼命赚取并囤积财富者，他自己却很少去享用，会被另外的一些力量盗走。

蛇王无须费劲地寻找食物，它满意于大自然的任何馈赠。圣人们也是如此。无论面对什么，他们都能顺其自然地接受。有时候，他们睡在树下；有时候，他们住在宫殿里面。在任何情况下，他们都是同样的快乐。

在任何一种情况之下，我们都要学会知足。常常知足的人，无论何时何地都能发现生活的美好。

人穿着鞋子，能保护他的脚不被道路上的荆棘所伤。同样，那些在任何境遇下都能知足的人，永远不会被生命之路上的荆棘伤害。

不懂知足，总是不安于现状，这是动荡不安与强烈的欲望之起因。只要人们的心中尚存一丝一毫的不知足，那所有的努力，所有的修习，所有的名望、荣耀与知识，都成了徒劳。一颗不知足的心充满了渴望和贪婪，即使已经得到了世上所有的享乐，即使一切在手，虚空仍然住在心中。许许多多的灵魂，正是因为这种不知足而变得堕落。

停止对世俗之物的追求，摒弃贪婪，远离愤怒。看清所有感官享乐的虚幻。寻求神圣的意识，合一的知识，并征服所有的恐惧。

学会分辨真实和虚幻，并远离悲伤和妄想。

征服骄傲和自私，通过服务于圣人、灵性导师，服务于那些纯粹和圣洁的化身。

通过控制语言和思想，来消除冥想道路上的一切障碍。

如果有人伤害了你，不要试图去报复，也不要有任何的怨恨，而是要善待他，因为爱能抚平仇恨。

那些恳切地寻求自我控制之人，必须远离世俗的干扰。他需要节制饮食，戒除娱乐。他应当勤奋而不懈怠。

在生命的第一个阶段，渴望自律之人应当进入梵学的生活。古鲁为他驱散无明的黑暗，揭示知识之光。为了接受老师的指导，学生必须拥有平静且稳定的身心。他在老师的指导下进行呼吸法练习，以治愈身体的疾病，并通过摄入适量的食物，以维持身体的活力与心意的平静。

竖直静坐，身体处于可控又舒适的状态，反复念诵神圣的音节唵——深入冥想它的内涵。

他必须让心意远离一切蠢蠢欲动的思想和欲望。当心意开始游荡，那就让它返回，尝试专注于心灵的以太中心的神圣之光上。

持续的练习，将会给他带来内在的平静和安宁。欲望之火渐渐熄灭，就像火焰因燃料燃尽而熄灭一样。

不再被欲望点燃的心意，永远都是安宁的。当心意停止了不安的波动，神圣的喜乐将缓缓升起。

神圣的音节唵，就是一把弓。纯洁的心意则是一支箭。神圣的自我是远方的靶子。正如人们将弓拉开，把箭射出，射中了靶子，所以，梵学生通过冥想唵的练习，将心意射出，将与神圣的自我合一。

如果一个人就像对待神一样忠于他的古鲁，他将轻易获得精熟的控制能力。古鲁是真正与神合一的人。与导师联系紧密，在冥想和对经典的理解方面谨循他的教导，学生将亲证神——这寓居于一切生命之内的万灵之灵。

结束了经典课程的学习之后，他可以自由选择，既可以结婚，成为一位家居者，也可以过上一种隐居的生活，或者，干脆成为一个行脚四方的托钵僧，这都根据他自身的人格倾向与灵性导师的意愿来决定。

如果进入世俗社会，成为一位家居者，他必须在社会生活中履行各种各样的责任，并将其日常的生活作为一种崇拜的仪式来看待。而且，他必须尊重灵性导师，永不违背，并寻求与一切圣者的联结。他还需要利用休闲的时光，聆听与学习神的话语。他参与了人世生活的一切活动，但是，他必须保证心意能够远离一切的依附。

他可以拥有财富，但必须视自己为神的管家，财富的保管人，而神才是这些财富真正的主人。他得关心那些贫穷无依者的需要，通过服务众生的方式，服务于神。

他不应当沉迷于肉体与感官的享乐。他必须学会分辨，体会灵性生命的欣喜，知晓内在神圣自我的无尽荣耀。

行走四方的托钵僧可以去任何他想去的地方，却不能留恋于一切的城邦或山林。他必须能够体会冥想神圣自我——即阿特曼之时的平静和喜乐。他需要平等看待一切的存在者。他必须知晓神就是生命的最高目标和终点。他必须专注地学习圣典，远离那些导致心意与神性分离的学习。

他绝不能用武力威胁或用虚假的承诺来招收门徒。

一个僧人产生贪婪的欲望，与一个家居者萌生弃世的念头，两者同样可耻、可憎而又虚伪。

生命最高的职责是在神的语词中获得喜乐，并将他作为一切真理的实体来持续地冥想他。

念诵神的名字，赞美他，并歌唱他的荣耀。冥想他神圣的属性；永远铭记他和他的临在。服务并崇拜挚爱的神。向他鞠躬、向他礼敬；知晓他是真正的朋友；从内心里面臣服于他。

整个宇宙可比拟为一棵巨大的菩提树。所有的存在者都是它散开的枝叶。我们钟爱的神是天上的树根。[①] 当神接受了敬拜，所有的存

---

① 这棵树在《薄伽梵歌》里面叫作 Aśvattham̩，是一棵宇宙树，神秘而古老的象征，它是我们宇宙的存在与生命之源——其根系深植于天堂，其枝叶覆盖人间大地。因树根向上，枝条向下，意味着智慧和觉悟的源泉来自内在，而非外在。它是纯洁者，是梵，被称为不死的永恒者，不可超越。这一点表达了该树作为智慧和觉悟的永恒源泉的特质。这棵宇宙树是所有世界的依靠。它提醒我们，在追求真理和智慧的道路上，我们必须深入内心，寻找生命的根源。只有这样，我们才能找到真正的安宁和智慧。在古老的传说与哲学中，它被描绘为宇宙的轴心，生命的源泉。这棵树的存在象征着无尽的生机与活力，它扎根于超越我们感官经验的世界，而其繁茂的枝叶却伸展至我们所能触及的每一个角落。这棵宇宙树，在古老的《羯陀奥义书》第一次提到，在《薄伽梵歌》第十五章中有更多的阐明，该树的形象深深地扎根于印度的文化和精神传统中，提醒我们，尽管我们身处的物质世界充满了变化与无常，但在那超越的、不可见的领域里，有一种恒常不变的力量在支撑着我们，引导着我们。它让我们理解到，尽管生命在地球上绽放、成长、凋谢，但生命的本质——那种无法摧毁、不可磨灭的精神力量，永远都存在于那超越时空的领域里。树的寓意深刻，给我们带来一些重要启示，引导我们更深地理解宇宙的存在和生命的奥秘。——译者注

在者都会欢呼。

神遍在于一切，他存在于生物和非生物之中。每一个国家都是他的国家，他映现在任何的地方，但是，最神圣之处，一定是为他献上敬奉的地方——在庙宇中，或在信仰者的内心。

那些渴望至善之人，应当住在方便与圣洁之人交往的地方。

诃利（Hari），也被称为原人，内在的居住者，因其寓居于一切存在者的心灵里面——包括神和天使，人类，鸟类和野兽，以及每一个非生物的个体。然而，虽然他居于所有的造物之内，但他在不同事物上的显现程度是不同的。

他在人类之中的显现，比其他任何事物中的显现都要完整。同样地，在不同的人之中，他又根据智慧或觉悟程度的不同，呈现为不同的显明状态。

一位睿智的婆罗门说："在经历过无数次无常悲喜的跌宕起伏之后，我终于意识到了，阿特曼是喜乐，而人类正是阿特曼。当人们停止寻求外在的享乐，学会向内求索，他将发现喜乐的阿特曼。"

"阿特曼是独一无二的。阿特曼就是最高的实在（Reality）。一个不知道这一真相的人，确实是受蒙蔽了。

"为了达到阿特曼，就要放弃众多，专注于绝对者、专注于一。

"试着在众多中看见绝对的一。练习和觉悟这种一体的过程，在于视因果为同一，视整个宇宙为神的显现。实现这种合一的过程，在于让语言、行动和思想皆臣服于梵或神。

"觉悟物我为一的过程，在于视神存于一切造物之中。

"那些遵循冥想之道的人，他知晓自我是神圣的，且与神是一体。神是起初，神是过程，神也是最终。神是享受者，是享受，他也是享受的对象。神在高处，在中间，神也在低处。神是知者，是知识，神也是被知者。神是发声者，是发声，也是发声的气息。神是显现者，他也是非显现者。

“遵循此一道路之人，觉悟到神是唯一的存在，无物在他之外，无物能够超越于他。在亲证这一真理之后，信仰者便不再被世俗之物所吸引。

“那些内心平静，且感到万物齐一的灵魂，已经抵达了自由。他智慧精湛而深邃，但又淳朴如初，就像一个孩子。”

第八书

引言

这位苏塔歌人继续复述叔迦天人的话语，讲述《薄伽瓦谭》里面的圣言。这一部分的内容则是关于侏儒的故事。

第一章
祈祷文

正如百川汇海一样，
所有吠陀的智慧，
所有的经典，
所有的真理，
即使有着不同的源头，
也全都归向于你！

第二章
侏儒的故事

巴利（Bali）是群魔族阿修罗的国王，他勇敢，强大，战无不胜，因为他拥有神的恩典。他战胜了天神之王因陀罗，取代他的王位，接管了三界。

阿迪蒂（Aditi）是因陀罗心爱的母亲，为儿子的失败而感到悲痛，她的丈夫迦叶波[①]离家很长时间，刚刚回来。

迦叶波为妻子感到难过，试图安慰她，说："摩耶的力量神秘莫测。一切存在都被幻相所迷惑，我的爱人啊，认识自我，并获得自由。世上唯一遍在的存在者，那就是喜乐的阿特曼。"

"敬拜瓦苏德瓦，他是挚爱之神，是一切存在者最内在的自我。借由他的恩典，你才能摆脱所有妄念。"

"请教诲我吧，我的主，"阿迪蒂说道，"我该如何崇拜这位伟大

① 迦叶波（Kasyapa），一位吠陀圣者，其名下的圣诗不计其数，尤其是关于创造的圣诗归属于他。名字意为"灵龟"，在传统中，他是吠陀和印度教神话中参与创造世界的神，按《百道梵书》所述宇宙起源神话，生主化为宇宙龟，创造了一切生物，故一切活物乃迦叶波的后裔。又是七贤之一。迦叶波似乎象征二元创造以前的亘古的统一。在许多古印度的文献中，迦叶波与生主或大梵天又被视为同一。——译者注

的万师之师，这宇宙的主神，他才能助我实现我心中的愿望。教教我，该如何博得这位主神的欢心，我向他求什么，他就能够赐给我什么。”

“我很乐意教你，阿迪蒂，如何通过服务和祭拜取悦神，就像我从天神之子——梵天那里学到的一样。

“人们应当满心虔诚地崇拜神，集中心意冥想神。感受他的临在，用神圣的祈祷为他献上至高的敬意：

“你是瓦苏德瓦，是最高的存在。
你是目击者，是一切存在者的归宿。
你闪耀在一切心灵之中。
向你致以最高的敬意！

“你是未显现者，你超越一切知识
因你是一切知识的源头。
向你致以最高的敬意！

“你是祭品，你也是祭品的赠予者；
吠陀的智慧是你的灵魂。
我们向你再三致敬！

“你是慈悲的父亲，
你是可爱的母亲，
你是力量，你是知识：
你是万物的主神。

我们向你再三致敬！

“你是生命，

你是智性，

你是每一个天球的中心和灵魂。

那些虔诚践行瑜伽之人可以抵达你，

给你致以最高的敬意！

“你是万神之神，

你是那永恒的目击者；

你是圣人那拉亚纳，

你是诃罗（Hara），你是诃利。

我们向你再三致敬！

“你是科沙瓦（Kesava），是挚爱之神；

你的形象遍及一切；

永恒的幸福、不朽的繁荣，都尾随着你。

给你致以最高的敬意！

“你是最高的归宿，

你是最大恩赐的施与者，

你是令人无比崇敬的主神；

智者崇拜你的莲花双足，渴望抵达至高处。

请你为我们施恩吧！

"如此唱赞神的荣耀，凝神专注于他。与圣人联结，并服务于他们。视众生为神的化身，并为他们服务。"

经过圣人迦叶波的这一番教导，阿迪蒂克服了所有的怠惰，虔诚地献身于对神的崇拜，并开始冥想他。她的所有激情得到了控制；她的心意稳定下来；她在心中意识到了，作为万灵之灵的瓦苏德瓦遍在一切。她是多么的欣喜！她完全沉浸于神的遍在而来的喜悦当中；她的心中盛满了爱意，于是，她如是祈祷：

"你即神圣（Holiness）；
神圣是你的名。
你是贫贱者的朋友。
那些庇护在你的莲花双足之下的人，
你映现在他们的心灵当中；
他们因你神圣的临在而变得圣洁。

"你是高处的那个最高点；
你的平静笼罩着宇宙。
你与自己的神圣摩耶相互联结，
开始创造、维系，并毁灭这整个宇宙；
然而，你却存在于最原初的荣耀中，纯粹而绝对。
给你致以最高的敬意！

"哦，你这无限又喜乐的存在，

如果你乐意，

请将你所有的荣耀、力量和恩典都赐予你的奉献者。”

阿迪蒂感到内心无比的宁静，在这心灵的寂静中传来了神的回应：

“哦，天神的母亲啊，我明白你在寻求什么。你希望你自己的儿子能够战胜阿修罗的国王巴利，他现在有我的神力加持。但是，我对你很满意；你的愿望必被满足，但以何种形式实现，我不便透露。我能告诉你的是，我的能力将在你的子宫中诞生，成为你的儿子。”

随着时间的推移，这一承诺实现了，迦叶波和阿迪蒂迎来了儿子的诞生，小小的身躯，却具有神圣人物身上的所有吉祥的标志，但是，他却是一个侏儒。他被称为侏儒婆罗门。

巴利，依旧是三界的主宰，他举行了一个盛大的祭祀典礼，邀请了所有的婆罗门。

这位侏儒婆罗门也参加了祭典。当他靠近时，所有智慧的婆罗门，还有巴利，都非常惊诧于照亮了整片区域的耀人光芒。很快，他们发现了这光芒的来源居然就是这位侏儒。他们全体肃然起敬，巴利则俯倒在他的双足之下，然后，他对侏儒说道：

“向你致敬，伟大的婆罗门。你是一切神圣力量的化身。你的出现正是对我的祝福，也是对我祖先的祝福。所有三界众生都因你的恩典而受到了祝福。请告诉我你的愿望吧，愿我能满足你，并服务于你。”

侏儒回答道：“感谢你的这种礼敬，我很欣慰你的尊重之举。这也是适合你的，因为你是最伟大的奉献者帕拉达的孙子，他曾经赐福于这个世界。你已经承诺给我任何我想要的东西。那么，请给我三步之地。”

巴利暗中笑了，因为他提出的居然是这么一个微不足道的请求。“为什么只求三步之地呢？”他说，“我能赐给你一片巨大的岛屿，或者一个大大的洲陆，再给你足够的物资与财富，你将能够过上非常舒适的生活；恳请你了，要一个更大的恩赐吧。”

侏儒笑了，回答道：“我对三步所覆盖的土地非常满足，我别无他求。”

这时，巴利的祭司苏科拉查里雅（Sukracharya）[1]打断了他们的讲话，他说道：“你承诺的赏赐，将会给自己带来多大的灾难啊？难道你没发现，这个侏儒是迦叶波和阿迪蒂的儿子，而且是神圣力量的化身吗？他能够用自己的形体覆盖住整个宇宙，你将会失去一切的。你已经将所有东西都拱手让人了，没有给自己留下任何的东西。你将归还三界的王国给因陀罗——天神的老大。侏儒的第一步将覆盖地球，第二步将覆盖天堂，而他的形体将覆盖宇宙余下的部分；他的第三步将无处落脚。你甚至没有能力遵守自己的诺言！”

巴利现在意识到了自己许下的承诺将造成的严重后果，但已无法挽回。他说：“我不会为我的许诺感到难过，我将遵守诺言。难道我不是帕拉达的后代吗？”

现在，巴利转向侏儒，带着满腔的敬意说道：“请接受我的礼物吧。”他再看向侏儒时，发现整个宇宙在他的体内。当侏儒迈开了第一步，看哪，他果然覆盖了整个地球；他的身体遮盖了天空，他的双

① Sukracharya，梵文写作 शक्र, शक्राचार्य，太白仙人，阿修罗族的导师。——译者注

臂环抱四个方向。当他迈出了第二步，整个天堂和宇宙的角角落落都被他覆盖住了，没有任何空间能够容得下他的第三步。于是，侏儒笑盈盈地看着巴利王，问道："现在，我的第三步该踩哪儿呢？"

巴利恭敬又谦逊地说："我必须遵守诺言。没错，整个宇宙没有任何余地可以放置你的第三步了——除了我的脑袋。请把你的脚放在我的头上吧，我永远属于你，臣服于你。"

"你的双足，大神啊，遮盖了整个宇宙。我的幸福无法丈量——这么久远以来，我被自己的力量与财富蒙蔽了双眼！你接受了属于我的一切，用你的仁慈和恩典作为回报，并将你自己也赠给了我。"

以侏儒的形体显现的宇宙之神，这样说道："我的信仰者在任何地方都享有荣耀。你是我的信仰者，而且非常忠诚。无论在地球或天界，你都将有你的荣耀，因为是你赠给了我这一神圣的礼物。"

第九书

引言

这位苏塔歌人继续复述叔迦天人讲述的《薄伽瓦谭》。这里，将引出两则古老的传说：安巴利沙（Ambarisha）[①] 国王的故事，以及兰提德瓦（Rantideva）的故事。

① 安巴利沙是印度传说中太阳王朝的一位伟大国王，他的王都建在著名圣城阿逾陀（Ayodhya），他曾与其他许多国王交战，征服了整个世界。在印度的世系当中，他是第七个摩奴（Manu Vaivasvata）的曾孙，父亲是纳巴加（Nabhaga）。安巴利沙也是毗湿奴的忠实信徒，他知道世俗的东西并不重要。他为人谦逊，热爱人民。——译者注

第一章
安巴利沙的故事

安巴利沙成了整个地球的统治者。所有的财富和享乐尽在他的掌握中；但这些对他来说都是微不足道的，因为他只爱神，并且明白尘世享乐的无限虚空。财富和享乐只能吸引无知的人们。而他爱着神，这唯一永恒与喜乐的存在，余者都只是梦幻泡影。

安巴利沙的心意一直凝聚在室利·克里希那的身上；他的舌头只是用来赞扬神的名；他的手只忙于对神的服侍；他的耳朵只要聆听神的话语；他的眼睛视一切为神性的显现；他的触觉只用来感受神圣的临在；他的嗅觉只闻神性最圣洁的芬芳；他的味觉只用来品尝经神允许的食物；他的脚呢，则只是朝着神的方向走；而他的头，则是用来触碰神的莲花双足的。

神，即阿特曼，遍在于一切，在所有的造物之中：知晓这些，安巴利沙将他所有的劳动皆献祭给神。那些发现喜乐之神显现于心灵之中的人，将不再被虚无的尘世欲望所吸引。

安巴利沙，就这样毫无依恋地统治着他的整个王国，他的心中洋溢着神圣的喜乐。

有一次，他向宇宙的至尊主许下了一个重要的誓言，在遵守誓言的过程中，他练习了一年的苦行与特殊戒律，在这段时日结束之前，他还斋戒了三天。第四天，他将自己的财富作为礼物分发给贫穷和困乏之人，正当他结束斋戒时，圣人杜瓦萨（Durvasa）朝他走来。国王向他行礼致敬，并邀请他参加宴会。杜瓦萨接受了邀请，去卡林迪（Kalindi）圣河沐浴净身。然后进入了深度的冥想，忘记了时间的流逝。国王在焦急地等待着，因为他即将错过结束斋戒的吉时。他知道，如果没有在吉时打破斋戒，他的誓言将会失效。可是，他邀请的圣人还未赴宴，如果不等候贵宾就开始进餐，这不是王者应有的表现。因此，他只好喝了一点水作为折中之举，既在名义上开了斋，又没有冒犯尊贵的客人。

杜瓦萨终于来了，当他得知国王在他未到时喝了水，他非常不满，因为他感觉国王自以为是君主而傲慢，故意轻视了他。他一怒之下就诅咒国王。诅咒召唤出了一个大恶魔，它走近国王并要吞噬他；然而，安巴利沙国王非常淡定，且毫不畏惧，这让恶魔大为吃惊，它无法伤害国王丝毫。恶魔发现，自己面对这位可敬的国王时，居然如此地匮乏于力量，于是，他转过了身，朝向杜瓦萨，打算吃掉这个召唤他出来的人。杜瓦萨拼命逃窜，试图摆脱自己的诅咒，但却无处可逃。于是，他求助梵天和湿婆，但他们也都帮不了他，因为他要诅咒的是毗湿奴的信徒，毗湿奴无所不是，他是宇宙之主。最后，他挣扎着向毗湿奴本身求助，毗湿奴说道：

“我也无能为力，因为你触犯了我的信徒。我爱我的信徒，我心甘情愿为我所爱的人做奴隶，服务于他的一切愿望。既然我的信徒们愿意为我而牺牲一切，我为何不能那样做呢？他们已经完完全全地臣服于我了。当有人诅咒我的信徒，他的诅咒将会千万倍地反作用于那个人自己。所以，只有一个人能够救你。你去找他吧，那个你所诅咒的人，去请求他的谅解。只有这样做才可能救赎你。赶紧去吧，祝福你。”

发现对自己的诅咒无法摆脱之后，杜瓦萨谦卑地靠近安巴利沙，祈求他的谅解。国王也以礼敬回应他，并决定原谅他。于是国王开始念诵祈祷文，以消除诅咒，释放杜瓦萨：

“哦，神啊，你无穷的力量存在于万物之中。
你在火中，你在太阳中，
你在月亮上，你在星星那里，
你在水中，你在土里，
你在以太之内，你在大风中央，
你在宇宙最精微的元素里：
你是一切中的一切。
用你爱的力量，拯救和保护杜瓦萨吧。
愿我们都能寻觅到你的宁静！”

现在的杜瓦萨，再无任何的邪念，清除了一切的罪，内心也获得了无比的宁静。

第二章
兰提德瓦的故事[①]

在古印度的光辉岁月里，人人都喜爱认识主神，并持之以恒地遵循他的道路，那时候，有一位印度的祖先，他的美德在世间与天堂都享有盛誉。他是一个国王，拥有庞大的家族和侍从，但是，他从来没有想过他们可能会变得匮乏。难道不是吗？当一个人信奉神，并视全人类为真正的宇宙之神——诃利，且服务于他们，所有的生活必需品都将送到他的门前。说来也奇怪，食物、衣服和所有的必需品常常送到他面前，尽管他从来不像其他人那样辛苦劳作。国王因信靠主神而得到的财富，让他无比地满足，他会与周围的人分享他的福利与收成。他的慷慨大度远近闻名，从不会拒绝任何来找他要食物的人，无论他们的地位有多卑贱。这位仁慈的国王对众生的同情心是无限的。他想尽一切办法满足人们的需要，也为无能为力的事而感到悲哀。他

① 此处原为萨拉达南达尊者的译文，文字稍有调整与修改。——原注
兰提德瓦是一位因毗湿奴神的恩典而获得救赎的古代国王，他是婆罗多王朝的统治者，他非常慷慨，心地善良，他的信念坚定，甚至相信神就居住在一粒微尘之中，就像伟大的帕拉达国王（Prahalada）一样，而且，他在神魔面前都证明了这一点。《摩诃婆罗多》中提到，他还是一位伟大的战士，对在恒河、亚穆纳等圣河河畔举行火祭（Yajnas）表现出极大的兴趣。——译者注

就是兰提德瓦国王。

就这样，过去了好几年，兰提德瓦国王愉快地认为，诃利神让他成了贫苦无依之人的庇护所。

然而，有一段时间，国王和他的家属们也处于物资匮乏的状态。那段时间对他来说，确实是一个巨大的考验，但他依旧像从前一样，竭力救济穷人，并仍然坚定地信奉主神。物资短缺越来越严重，但他始终先满足前来求助的穷人，再想到他自己与自己的家属。就这样，过去了很多天，这位善良的国王不得不挨饿了，但是，当他一想到牺牲自己能为这些受苦的同胞们服务，就满心欢喜。

饥荒越来越严重，有一天，他发现没有任何东西可以给到来乞食的穷人，也没有任何东西给自己和家人吃。即使这次他对主神的信念更加坚定，他仍然一无所得。现在，他和家人只能选择日复一日地禁食，但他从未放弃对诃利神的力量和正义的信念。他禁食了四十八天之后，一锅由面粉、牛奶和酥油制成的粥，出现在他面前。那个时候，国王和家人几乎走不动了，他们被禁食所引起的饥渴和虚弱所折磨。

正当他们打算享用美餐，来了一位客人，此时除了饥饿的婆罗门，谁还会出现呢！于是，国王将他视为诃利神的化身，带着满腔敬意接待了他，分给他一份粥。婆罗门吃饱喝足，满意地走了，马上又来了一个乞食的首陀罗（Sudra）。国王又满足了他的请求，爽快地分给他一份粥。又进来一个贱民旃陀罗（Chandala），还牵着一条狗。从他不幸的叙述中可以了解到，他和他的狗已经好几天没有进食了。国王热情地欢迎他，并向他和他的狗致敬，就像是在对诃利神致敬一样，然后，国王把剩下的粥也都给了他们。现在，对于奄奄一息的国王和他的家人来说，没有任何东西可以吃了，除了仅剩的一点点米汁。在这个节骨眼上，又来了一个比旃陀罗还要低贱的人，请求国王赐给他这些汁液，因为他快要渴死了。崇高的国王，见他又渴又累，几近昏厥，于是，他说了这些暖心的话语："我不求神赐予我八倍的力量，我也不求神许我不再重生，陷身苦海；我只恳请他，让我能对别人的苦痛感同身受，就像我住在他们的身体之内一样，让我能够有能力减轻他们的痛苦，让他们变得快乐起来。"说完这些话语，国王就将最后的米汁递给他，并立刻发觉，自己的疲惫、饥饿、干渴，以及内心的不安与沮丧，全都消失了；国王通过满足别人的需要，治愈了他自己。

我们知道，诸世界制定律则的主人，都会将自己的财富和力量赐给崇拜他的人，尤其是崇拜者中的佼佼者，现在，摩耶，来自毗湿奴的创造性律则，这位宇宙的女主人，出现在了虔诚无比的国王面前，并告诉他，只要崇拜她，就将获得数不尽的财富，永远不再经历痛苦不堪的困乏境遇。国王将其视为唯一的挚爱——诃利神的另外一个形相，并向她致以崇高的礼敬，但是，他对世俗之物没有任何的欲求，即使他经历过物资的短缺。他的心仍是休歇在诃利大神那里，不带任何的私欲而深爱着他，崇拜他。于是，摩耶，这位宇宙的女王，发现他的心意竟如此坚决，对她提供的一切诱惑都毫无动心，就与她的侍从一道，消失不见了，像一场梦境一样。

这位高尚的国王兰提德瓦，因为对同胞们无私的大爱，成为一位伟大的瑜伽士，并亲证到诃利神，觉悟到他是不可分的知识、存在与喜乐的海洋，是万灵之灵，生命之中的生命，只要人们认识了他，就会臻获永恒的幸福，摆脱一切的欲望、一切的迷惑。国王以身作则，为他的追随者们树立了伟大的榜样，他们也开始虔诚地敬奉那拉亚纳，最终也成为一个个坚定的瑜伽士。

第十书

引言

苏塔歌人继续复述叔迦天人讲述的《薄伽瓦谭》。室利·克里希那的故事将拉开帷幕。

序幕

多么神奇的导师啊，室利·克里希那；

他的行为多么地不可思议。

一旦念及他的圣名，

那念诵者与倾听者都将成圣。

当邪恶在大地上盛行，当真理被众人遗忘，当人类的生命成为罪恶的负担，人们就向大神毗湿奴祈祷，祈求他作为人类的救世主降临到地球上。无所不知、无处不在的神，知晓人类的苦难，出于伟大而又无私的慈爱，神希望为他的孩子们，揭开那遮蔽他们视线的无明面纱——于是，他降生为人，以身示范，告诉人类如何再升为神的路径。

第一章
克里希那的降生

那时，康萨国王（King Kamsa）是最强大、最凶残的暴君，他有一个妹妹，名叫德娃琪（Devaki），他非常疼爱她。他的妹妹即将嫁给瓦苏德瓦。为了表达他作为兄长的爱，国王送给这对新婚夫妇许多贵重的礼物，并宣称，他将亲自为他们驾驭马车。

他实现了自己的诺言，德娃琪和瓦苏德瓦一想到他们独有的好运就非常开心，因为他们的车夫是名震四海的君王。他们的车缓缓前行，沿途的人们欢呼雀跃，也为他们感到幸福。

一切都很顺利，但突然，国王康萨听到了虚空中传来的一个声音："你这个大傻瓜，你在欢欢喜喜地给谁驾车呢？你岂不知她怀的第八胎，必将置你于死命？"

听到了这话，康萨惊呆了，他从自己的位子上跳了起来，差点当场杀死了自己的妹妹，幸亏瓦苏德瓦制止，并恳求国王饶过他的新婚妻子，并提醒国王，并不是德娃琪会杀死他，而是她的第八个孩子。为了平息国王的恐惧，他们答应国王，他们的每一个孩子都将交给康萨，任由他来处置。康萨国王这才罢休。

时间一天天过去，瓦苏德瓦和德娃琪的孩子们一个个地诞生了，这对父母遵守了对康萨的承诺。孩子们一出生就惨遭毒手，康萨接二连三地一共杀死了七个孩子。当然，这对父母非常悲痛，但是，他们无法逃脱暴君的魔爪啊。

最后，第八个孩子即将降生，康萨下令将瓦苏德瓦和德娃琪关进大牢。于是，他们两个被扔进了同一座地牢里面，并被同一根钢铁锁链捆绑着。

他们没有依靠，心里苦恼万分。唯一的安慰是，一心向全能和慈爱的神祈祷；他们的虔诚发自内心最深处，祈求大神能够保护他们和自己的孩子。他们因为如此热烈的祈祷，而晕倒在地。就在这一阴郁的无意识状态中，突然闪现了一束光；在这束光中，重重的苦难之乌云消散了，随之而去的是近些岁月积累的那些沉痛与悲伤。这一喜悦和平静的太阳——挚爱之神，居然出现在了他们的面前，治愈他们内心的创伤，并用他最甜美的微笑，鼓舞和振奋他们。他们完全消融在了他的爱中；现在，他们满心欢喜，因为，听到他的那些甜蜜的言语：

“父亲和母亲，不要再哭泣了。现在我来救你们了，并将拯救一切的善。地球上将不再有抱怨与委屈。恶人的日子就要到头了。邪恶的康萨当死去。大地上将再次遍布和平与正义。

“请睁开你们的眼睛，看看我，我正是你们的孩子。父亲，带我去你的好友——戈库拉（Gokula）的国王南达（Nanda）的家中。他的妻子雅首达（Yasoda），正巧诞生了一个女婴。将我和女婴交换。带她到地牢里来，将我放在雅首达的膝上，她将沉睡而不知觉。什么也阻挡不了我生命的道路。”

所以，克里希那——解除人类束缚的人，就这样，诞生在康萨国王的阴暗的监狱里。

德娃琪亲了亲孩子甜美的脸，她所经历一切危难都被抛掷脑后了，但是瓦苏德瓦仍然记得那一幻觉中的指示。于是，他就把孩子抱在怀里，正当他苦思如何离开监狱时，他的锁链松开了，监狱的大门也敞开了。他穿过雅穆纳河，没有遇到任何的阻碍，他把自己的儿子换成了雅首达的女儿，带着女婴回到监狱，并把她放在德娃琪的膝盖上。监狱的大门又关上了，锁链也重新锁上。

清晨，康萨听到女婴诞生的消息，立即赶来查看。瓦苏德瓦恳求他放过孩子的一条命，因为女孩不会对他造成任何威胁。但康萨并不听劝告。他紧紧地抓住婴儿的脚，高举在空中，正想把她摔在地上，婴儿从他凶狠的魔爪里挣脱出来，因为这时，神圣母亲美丽的形体出现在了他的上方，俯视着他，说道："孽障，你想违背万能之神的旨意吗？看吧，你的毁灭者在戈库拉正成长起来了呢。"

话音刚落，她便消失不见了，留下康萨国王战栗不已。

同一天的早晨，戈库拉的人们一片欢腾，因为他们心爱的国王诞生了一位王子。雅首达王后，这位母亲，并没有意识到孩子被交换了，她慈爱地看着儿子那一张甜美的笑脸。

第二章
克里希那嘴里的宇宙

那时，克里希那还是一个小孩童。一次，有小朋友见到他在吃土。当他的母亲雅首达知道之后，就让克里希那张开嘴巴。他听命张开了小嘴巴，——真是不可思议！雅首达看见了整个宇宙——地球，天界，群星，行星，太阳和月亮，还有无数的生物——都在这个小孩童克里希那的嘴里。雅首达十分惊讶，她想："这是一个梦，还是一种幻觉？抑或是真实的场景？我的小宝贝莫非就是大神毗湿奴自己？"她很快镇定下来，对挚爱的神祈祷：

"是你带我们来到了整个摩耶世界，是你给了我们感觉，赋予我们意识——我是雅首达，南达的王后，克里希那的母亲，请永远赐福于我们。"

她看着自己的孩子，他正在微笑。她抱起他，亲吻他。雅首达看着自己的小宝贝克里希那——他正是作为吠檀多哲学中的梵，瑜伽修炼中的宇宙灵魂（universal Self），奉献者心目中的神而被崇拜的；无论何时，一旦见到，她的心中就会升起一股无法描述的喜悦。

第三章
克里希那允许自己被绑

有一次，雅首达正抱着小克里希那坐在自己的大腿上，突然，她把他放下来，去处理火炉上面沸腾的牛奶。孩子对此有点不开心，他便打破了装满凝乳的罐子，去一间暗黑的房间，找到一个角落，偷吃这些凝乳。他吃了不少，脸上满是奶酪的汁屑，又开始去喂小猴子。当他的母亲回来看见，就骂了他一顿。作为惩罚，她决定用绳子将他绑在木臼上。但是，让她诧异的是，虽然绳子很长，但要绑他的时候，这条绳子似乎就不够长了。她接上了更多的绳子，却还是不够长。最后，她只好用上了能够找到的所有绳子，还是绑不上克里希那。这让雅首达非常地困惑。克里希那心里偷着乐呢，可现在，见到母亲精疲力竭，又充满困惑，他心头一热，就允许自己此时被捆绑了。

他没有开始，没有中间，也没有结束，他遍在，无限而又全能，却允许雅首达捆绑他，只是因为她伟大的爱。他自己是全能的神，是一切生命的主人，还是万事万物的操控者；但是，他允许自己被爱他的人束缚。不是经由忏悔、苦行或研习经典抵达他的面前，而是付出全部的身心来爱他，就会轻易地找到他，因为，他们是被他选中的——那些拥有纯粹之爱的信仰者。尽管他是无限的，人们却可以借由爱，渐渐亲证到他。

第四章
克里希那向梵天显现神性

终于，克里希那长大了，长成了一个青年，他经常与同龄的牧牛男孩出去玩，也会去附近的室利·温达瓦纳（Sri Vrindavana）的牧场，帮忙照料牛群。当牛群在牧场上吃草时，男孩们就在边上一起玩耍。

有一次，他们也像往常一样玩耍，之后，一起坐下来享用家里带来的午餐。突然，牛群全部消失了，他们非常惊讶。除了克里希那之外的所有男孩都很害怕，但是，克里希那告诉他们说不要慌，先吃完午饭，他会把牛群找回来的。

梵天，这位创世者，为了测试克里希那的神力而偷走了牛群，现在，趁着克里希那离开他们寻找牛群时，把男孩们也偷走了。梵天把男孩和牛群一起，关了在一个山洞里面，并利用他的神力，使他们保持沉睡，并失去意识。

克里希那寻遍了所有地方都没有发现牛群。于是，他非常失落地回来，结果发现男孩们也不见了。他意识到，这一定是有人在恶作剧，他很好奇，为了了解事情的真相，他立即通过冥想和神圣视野去寻找，已经发现这是梵天开的一个玩笑，目的是测试他的神性品格。

就此一发现，克里希那不禁笑了起来，他认为，这是自己教训梵天的好机会。因此，他把男孩和牛群留给梵天去照看，他通过自己的神力，依照各自的原貌，造出了一模一样的一群男孩和牛群，有着同样的形相与性格。然后，他和这些由自己心意造出来的小伙伴们一起回家了。家长没有发现任何异常，母亲们像往常一样亲吻她们各自的男孩。而牛群则回它们各自的牛棚。

克里希那照旧每天和幻化出来的小伙伴们一起去牧场牧牛，一道玩耍。没有任何人发现有什么异常，只是母亲们感觉自己更爱自己的儿子了。以前，比起自己的男孩她们更爱克里希那；但是现在，她们却能够一样地爱着所有的男孩们，一见到孩子们回家，最高的喜乐便油然而生，而这种喜乐只有那些觉悟到喜乐的自我——或者热爱神的人身上才会体验到。这话无疑是真实的——“没有人为了孩子而爱孩子，而是为蕴藏在孩子之内的神圣灵魂而爱孩子”。母亲们没有意识到这一点，其实，克里希那已经成了她们的孩子，在她们的内心深处，感受到了每一个孩子的神性灵魂。事实上，克里希那本来就是万灵之灵，是一切自我的自我，正是有了他，所有的灵魂才能够永远联结在一起。正是克里希那变成了所有的存在与存在者。实际上，正是他幻化出了整个宇宙。

克里希那的分身游戏大约持续了一年。直到有一天，梵天前来拜访克里希那。梵天看到了所有的男孩和牛群，他感到非常惊讶，因为他非常确信，他们受控于他的神圣摩耶，仍旧在一个神秘的山洞里面昏睡呢。梵天在内心深处陷入了沉思；突然，新的景象展现在了他的面前。他看着所有的男孩和牛群，他们全都是克里希那。他看到克里希那时，又看见他存在于宇宙的任何一种形态之中，克里希那寓居于万事万物之中。他看见克里希那是一切光的源头，是整个宇宙的启示者，所有的一切都是克里希那。于是，他放下了外在的意识，专注于最深的冥想，他最后发现自己与克里希那也是一体。现在，梵天知道了真相，克里希那是独一无二的宇宙之主，他是寓居一切的神圣自我，他化身为人，是在享受神圣的宇宙游戏。梵天亲证到克里希那正是大神，是整个宇宙之主。

于是，梵天为克里希那献上了他的祷告：

"主神，你无形无相，你是无限、喜乐的存在；
但你以现在这一形象显现，
是为了愉悦奉献者的心，
把你的爱洒向他们。
你的形相正是纯粹的萨埵。

"他们确实备受祝福，
那些不在乎哲学或教条，
却谨循并常驻于你生命话语中的人；
这些纯洁者找到了你，
你远在思想之上。

"哦，你是无限的，
你是人格神，你也是非人格神。
'不可思议'才是你的真相——
然而，再一次，那些掌控了外部感官，

且完全专注于最深层冥想之人，
他们领会并亲证了你。

“你是喜乐，不朽与永恒。
你是一切光的源泉，
纯粹而又绝对。
那些敞开了神圣视野的人们
在内在世界发现了你，于是
他们不再受制于生死轮回。

“正如在黑夜里面，我们常常误绳为蛇，
我们在无明当中，也错将遍在的梵误认为整个现象世界；
但是，当灯光点亮，驱散黑夜，
绳子依旧是绳子，
所以，当知识的太阳升起，
世界的幻影就消失了，
你作为真正的梵的真理，就此显现。

“你是阿特曼，神圣的自我；
智者们并不向外求，而是向里面寻觅，
因你原本深藏于一切心灵之中。

“智慧带来自由，
但若仅有智慧，并不能知晓你，

那些虔敬地为你服务之人，

借由你的恩典而亲证了你。

愿我也成为你的信仰者，即使是那最卑微的一个，

愿我将毕生呈现出来，只是服务于你！

“那些牧童们确实有福了，

因为他们爱着你，就像爱他们自己一样，

你，永恒者，无限的梵啊。

他们服务于你，而献出了整个的灵魂，

用自己的生命来享受你的喜乐。

吠陀经典无数条箴言，只是在传颂你的荣耀；

奉献者们唯你是从，唯你马首是瞻。

“哦，克里希那，你是穷困者的朋友。

你从未诞生，你也从不死去，你是永恒无限的那一位；

然而，你却为了众生甘愿化身为人，

让所有的人都能够品尝到你那天堂般的喜乐。

“迷恋和妄想只会蒙蔽那些

尚未庇护在你的莲花双足之下的人们，

啊，那是何等悲惨的人生啊。”

就这样，梵天歌唱着，赞颂着克里希那，带回牧童们和牛群。最后，梵天返回了他的天界，而克里希那照旧和他的伙伴们一起玩耍。

第五章
克里希那和牧牛姑娘

克里希那是爱的化身。而爱是神圣的，且有不同的表达形式。对雅首达来说，爱神，是爱她的宝贝孩子克里希那；对牧牛男孩们来说，爱神，是爱他们心爱的朋友和玩伴克里希那；对牧牛姑娘们来说，爱神，是爱他们的爱人和伴侣克里希那。

当克里希那吹奏起他的长笛，牧牛姑娘们就忘记一切，甚至浑然忘我，没有了自己的身体，只是指向他，为他的爱而着迷。有一次，克里希那为了测试她们爱的忠诚，就对她们说："纯洁的人啊，你们的首要任务是照顾丈夫和孩子。回家吧，去为他们服务。你们不必再来找我了。因为，只要你们冥想我，就会获得救赎。"但是，牧牛姑娘回答说："哦，你这无情的爱人啊，我们只愿意为你服务！你知晓圣典的一切真理，还告诉我们要服务于丈夫和孩子。我们当然要遵循你的教导。因为，既然你存在于一切之内，那无物不是你，服务了你，我们也服务了他们。"

克里希那，他为所有人带来快乐，并自足，以自己的存在为乐，他可以分身为无数的克里希那，有多少牧牛姑娘，就有多少的克里希那，与牧牛姑娘的人数是一样多，于是，他们一起在林中舞蹈嬉戏。

每一个女孩都沉浸在克里希那神圣的临在与彼此最神圣的爱情当中。她们都觉得自己就是世上最幸福的那个人。每一个人对克里希那的爱都是如此的专注，让她们觉得自己已经与克里希那融为一体了——不仅如此，她们感觉自己就是克里希那。

确实，就像传说中的那样，只要冥想克里希那的圣爱，以及他与牧牛姑娘的甜蜜关系，人们就会摆脱欲望和感官世界的享乐。①

---

① 本章所记载的，关于克里希那的生活的小插曲，辨喜尊者有言：

啊，他生命中最不可思议的片段，最难理解的部分，谁都不应当试图理解它，直到他变得完全的贞洁和纯粹——在布林达班（Brindaban）林间那一美好的爱之游戏里，那种最美妙的爱情的膨胀，以寓言的形式表达出来了，只有那些曾为爱而疯狂，曾深深地陶醉于爱之美酒中的人，才能真正理解！谁能想象，牧牛姑娘的爱之剧痛？那种最理想的爱情，是无欲无求的爱，是既不追求天堂的爱，也不在乎此世或下一世享乐之爱。

记录这段牧牛姑娘的美妙爱情之编著《往世书》的史家，是生而纯洁，并永远保持了纯洁的叔迦天人——毗耶娑的儿子。只要内心尚存丝毫的私心，就不可能发育出这等神性的爱情；如是，那只不过是一个以爱为买卖的售货商而已。

哦，吻一下你的双唇！一个被你吻过的人，他对你的渴望永远不会减弱，一切悲痛将不复存在，他忘记了对其他一切的爱，除了对你，而且只是爱你。啊，忘了黄金、忘了姓名、忘了一切的荣誉吧，还有，忘了对我们这个虚妄的小世界的热爱。唯此，你们才能理解牧牛姑娘们的爱。是那么神圣，宁愿为爱而舍弃一切；那样高尚，只有纯洁到一尘不染的灵魂，才能感知到这里的纯度。同样，只有那些时时刻刻都会冒出性、金钱和名誉等观念的人，才会去批评，才会误解牧牛姑娘们的纯爱！

这就是克里希那化身的实质。即使在《薄伽梵歌》中，最伟大的哲学本身，也不能与那种疯狂的爱相提并论，因为，在《薄伽梵歌》中，弟子被教导如何徐徐地、有次第地走向目的地，但是，在这种情爱的过程中，会有狂喜，会有醉人的爱，因为弟子、导师、教导、圣典，甚至连恐惧的念头，还有神、天堂——这些都在这一过程中融为一体。其他的一切都被抛掷脑后。剩下的唯有爱的狂喜。其他的一切不自觉中皆被遗忘，爱人的眼中，只有克里希那，看不见世上的其他任何一种事物，因为所有的一切，都已经变成了克里希那的脸，而他自己的长相，也像极了克里希那，他的灵魂也深深烙上了克里希那的肤色……那个彼一（That），实际上正是伟大的克里希那。——原注

第六章
克里希那复活了他老师的儿子

正如预言说的那样，时机一到，人类的愿望就会实现。残暴的康萨国王——大地上的邪恶化身，在与克里希那的一次公开战斗中，死在了克里希那的手下。随后，克里希那释放了他的父母瓦苏德瓦和德娃琪。他们与自己心爱的儿子重逢，内心的喜悦简直越出了天际，无比欢欣。

虽然克里希那是万师之师，是所有智慧的第一化身，他却深藏不露，因为他要借着人类的身体和人类的无明，为人们展示如何升达神的境界，以及如何开拓深藏于人心之内的无限智慧。于是，克里希那跟随一位名叫桑迪帕尼（Sandipani）的导师学习，开始了作为理想门徒的生活，在这一段时间，他虔诚地践习所有的生活规范，并且尊重和崇拜自己的导师。在很短的时间内，他掌握了所有《吠陀》和其他各种学问。当他完成学业，他十分感恩，内心希望能够赠送导师一些礼物。

碰巧这时候，桑迪帕尼和他的妻子因死去的独子而悲痛不已。他们听说伟大的克里希那神力无边，于是就将此事告知于他，希望他能让他们的孩子死而复生。为安慰他的导师，克里希那去找死神说情，桑迪帕尼的儿子果然复活了。[①]

克里希那的母亲，德娃琪得知此事，也请求他复活所有被康萨杀死的她的那七个儿子。克里希那通过神圣的力量，让母亲看到了所有的儿子，他们都活得好好的，只是不在这个星球之上，德娃琪于是忘掉了所有的悲痛。这些儿子，也就是克里希那的哥哥们，最终也抵达了绝对的自由，跳脱了生死。

① 桑迪帕尼（Sandipani），意为“众神之圣”，是乌贾因（Ujjain，曾叫作阿兰提普拉）的一位仙人，伟大的悟道圣人。克里希那曾在桑迪帕尼大师的住所学习，学成为报答师父而决心要救他儿子——从死神的手中重获新生。于是，他带着异母兄长大力罗摩（Balarama）一起来到帕巴萨海（Prabhaas），发现师父的儿子被恶魔香卡苏尔（Shankhasur）带走了，他有一只名叫“五生神螺”（Pāñcajanya）的神圣海螺，长年生活在水下。克里希那拿到海螺去找死神阎摩，吹起了海螺。阎摩十分尊敬他们，致敬道：“哦，无所不在的毗湿奴大神啊，你通过利拉（Leela）伪装成了人的形象，现在来到我的面前，我能为你们俩做些什么呢？”克里希那说：“伟大的统治者啊，奉我的命令，把我导师的儿子带到这里来，因为他自己的业力而过早离世。现在，我们要令他起死回生。”于是，克里希那把导师的儿子交给了导师。克里希那则从恶魔香卡苏尔那里获得了神圣的“五生神螺”，在《薄伽梵歌》的第一章中出现。——译者注

第七章
乌达瓦去戈库拉，捎去爱的信息

克里希那的学业完成之后，就离开了师父一家，回到了生身父母的住处马图拉（Mathura）。他有需要住在这里，以完成生命中的一些职责，虽然他的心早就飘向了戈库拉，那里住着他的养父母，还有他心爱的伙伴——牧牛男孩和姑娘。

一天，他叫来亲密的朋友兼弟子乌达瓦[①]，请他去一趟戈库拉，并为他捎去爱的信息。他说：

“乌达瓦，请去一趟戈库拉，安慰我的养父母，也把我的爱带给男孩与姑娘。牧牛姑娘视我为他们的灵魂。她们为我而放弃了人世间所有的享乐，并永远爱着我。带着我的平安与无限的快乐，送给那些为我而弃下所有享乐的人们吧。牧牛姑娘爱我，胜过世上的任何事物，而且，她们只是为了爱我而爱我。”

乌达瓦，这位心爱的弟子，高高兴兴地去执行自己导师的要求。

---

① 乌达瓦是雅度族的英雄德瓦巴嘎（Devabhāga）的儿子，也是克里希那的表兄弟、朋友兼弟子。乌达瓦充当克里希那的信使，将他的平安信送给克里希那的生父母。克里希那入灭之前，乌达瓦来到克里希那面前，克里希那与他讲出了最后的离别遗言，这就是广为人知的《乌达瓦之歌》或《离别之歌》（Uddhavagitā）。参见第十一书。——译者注

他在傍晚抵达戈库拉，听到牧牛的男孩与姑娘们的歌声，他们正在歌唱克里希那的圣爱，歌词叙述了克里希那神圣的游戏和神力。乌达瓦径直走向克里希那原先的住处，他的养父母南达和雅首达，看到儿子最亲密的朋友前来，两人激动不已，就像欢迎自己的儿子一样招待乌达瓦，并与他深入交谈，问长问短，还聊到很多克里希那小时候的生活细节。

乌达瓦无比欢喜，内心激动万分，对他们说："哦，南达，作为父亲，你是有福之人，因为你所爱的儿子克里希那正是全世界的导师。那些将心意和智性专注于他的人，确实也是有福之人，因为他们必定借此而摆脱了所有邪恶，将抵达至高的目标。你和妻子在对他的爱中收获世界的祝福，他是万因之因，是所有一切的灵魂。你们已经战胜了所有的业力。"

"不要为克里希那肉身不在现场而感到悲伤。虽然他身住远方，但仍然陪伴在你们的左右。正如火性隐藏在木材之中，他存在于一切最内在的自我当中。对他来说，万物平等，没有他厌恶之物，也没有谁更能够亲近他。他不局限在世俗的父亲、母亲、妻子、儿子等关系当中。因为他没有出生，没有死亡，没有固定的形态。然而，为了保卫世界正义与人间道德，为了正法与真理的确立，他才显现他自己，参与地球上的神圣游戏。他超然于三德之外；但是，一旦他与三德结合，就成为宇宙的创造者、维系者和毁灭者。

"克里希那，这位人类挚爱之神啊，他已经偷走了所有人的心，他不只是你们的儿子。他还是别人的儿子，是父亲，是母亲，是朋友，他是宇宙万物之神。不但如此，他还是所有的自我，他就是一切。没有任何事物能够超越他。"

就这样，他们交谈着克里希那，度过了一个愉快的夜晚。第二天清晨，乌达瓦见到了所有的牧牛姑娘，她们都围绕着他，想知道她们心爱的克里希那近况如何。乌达瓦就说：

“你们该是多么的幸福啊，带着你们全部的身心，完全臣服于薄伽梵·室利·克里希那（Bhagavan Sri Krisna），这位人类挚爱之神。爱和信仰将会一起滋长，当一个人践习苦行，并执行许多的灵性训练，譬如祭祀、崇拜、专注与冥想之后，这些才得以次第发生。但你们是如此之幸运，生来就懂得一心一意地爱和奉献，并为挚爱至亲的克里希那放弃了一切。哦，幸福的人儿啊，你们就这样轻易地沉浸在圣爱的彻底喜乐之中，我来到了你们的面前，居然也受到了祝福，得到了净化。

“薄伽梵·室利·克里希那让我为你们捎来下面这些话语，我一一向你们禀明：

‘我从来不曾与你们分离，因为我是你们的自我，我是一切存在者的灵魂。你们必须知晓，我一直在你们的身边。

‘就像海洋，它是所有河流和溪水的终点和目标，我正是那个终点，是一切吠陀经典，八支瑜伽，以及分辨、弃绝、责任和自律的目的地，是存在界的至高目标。

‘你们是那么的美丽，我之所以离开你们，其目的，正是要你们默想我，在你们的心里寻觅我。所以，我要求你们，控制好那一颗常常波动的心，而一心冥想我，完全臣服于我。很快，你们将在内心发现我，并抵达我的存在。即使那些没有见过我的人，也将在他的冥想中发现我，并抵达我的存在。’”

听到爱人传递过来的这些话语，牧牛姑娘们满心欢喜。乌达瓦在戈库拉居住了一些时日，每天都与众人谈论着克里希那，日子过得特别快，每一个人都非常满足、如此喜不自胜。

第八章
克里希那通过神圣的接触，传给穆初昆达智慧和自由

这里所述的穆初昆达（Muchukunda），是一位已经隐退的国王，他曾经拥有强大的权柄和显赫的王室，后来弃绝了一切，现在，他隐藏在一个山洞里面练习苦行与冥想。然而，他心思沉重，因为其心意仍然受缚于无明之中。克里希那得知他为灵性生活而付出了如此虔诚的努力，希望能够给他爱与智慧，于是，他走进了这个山洞。穆初昆达刚看到这个陌生人时，不禁吓了一跳，但是，他立刻意识到，这是一位伟大灵魂的显现，因为他的脸庞闪耀着神性的光芒和荣耀。于是，他谦卑地对他说："尊敬的大师啊，我是穆初昆达，身处灵性真理之中却沉沉睡着，故而热切地渴望光明。你究竟是谁？请告诉我你的出生和事迹。"

克里希那微笑着说：

"我有无数次出生，我的事迹也数不胜数，伟大的圣人们都曾不知疲倦地歌唱它们。我将告诉你此世和此生的事迹。

"基于梵天与众神的祈愿，我来此人间，以降伏恶人，保护善者，并且重建正法与真理。于是，我降生为瓦苏德瓦的儿子，我此世也被

称为瓦苏德瓦。[1]我已打败了恶人康萨，以及其他凶残的统治者。

“哦，高贵的圣人，我来此洞是为了赐予你我的智慧。你已经祈求很久了，我爱我的信徒，我将为他们实现他内心最渴望的愿望：只要抵达我，人们将不再悲伤，因为他不再有任何的愿望。但既然你恳求我施恩，我将满足你的心愿。”

穆初昆达，明白了克里希那正是那拉亚纳本人，立刻俯伏在他的脚下，唱赞祈祷云：

“神啊，由于你的摩耶之遮蔽，
人们不能认识你，
他们不知崇拜你，
而迷恋此一世间，
这痛苦和悲伤的源头。

“有些人放弃生活的享乐，
践习苦行，奋发精进，
目的却是希望获得更大的人生快乐。
如此必受制于业力与一切短暂的事物，
他们永不能领会你那至高的喜乐。

“但是，神啊，当你降恩，
这颗飘浮不定的心，

① 梵文 Vasudeva，意译世天。佛教有大菩萨世亲（Vasubandhu）者，即系祷于此天而生者，故以名之。与毗湿奴的神话有许多关联。——译者注

一旦觉知世俗享乐之转瞬易逝，
便开始寻求圣人的陪伴，
在彼种神圣之陪伴下，
升起了对你的爱，此火永不熄灭，
你是挚爱之神，
是至高的目标，
是一切的终极归宿。

“哦，伟大的慈悲者啊，
借由你的恩赐，我不再希求任何的人世享乐；
我不再有私我意识。
我唯一的愿望，那就是服务于你；
我不求别的恩赐。

“哦，你是一切自由灵魂的主神，
你是自由的施与者，
哪会有那样的傻瓜，除了发现了你，
除了追求你的存在，获得你的自由，
还会希求其他的东西？
哦，你，至纯粹，无属性，无形相，
至高之梵，独一无二，
我将放弃一切，皈依你。

“哦，你，是一切事物的避难所，

无数岁月以来，我一直被难以抑制的欲望所折磨；

我经历那么多的生命历程，无尽漫游，从生至死，

又出死入生。

没有丝毫的平静可言；

请让我庇护在你的莲花双足之下。

那些请求你庇护的人，

将不再恐惧和悲伤！

他们确实获得了真理。

哦，宇宙之神啊，我寻求你的自由！”

克里希那通过他神圣的触摸，传递给穆初昆达自由和智慧，于是，这位国王的心中充满神圣的喜悦和平静，他去往喜马拉雅山中的巴达利卡修道院，住于对至高梵的神圣冥想之中，臻达不朽之境。

第九章
克里希那将财富赐予贫困的婆罗门

曾经，有一位博学的婆罗门，他是克里希那的好朋友。他性格安定，是一个在困境中也能保持自律、宁静而又淡泊的人。他很贫困，也很知足，因为他几乎没有什么世俗的欲望。[①]可他的妻子却经常抱怨生活的穷困潦倒。

一天，他的妻子说："克里希那现在已经是众王之王，巨大的财富任由他来支配。而且，他心地善良，别人求他什么他就给予什么。既然，你是他最亲密的朋友，为什么不去寻求他的帮助呢？他一定会满足你，让我们变得富有起来。"

婆罗门答应妻子去找克里希那，为了自己的生活，也为了讨取妻子的欢心。他想："我不能向他要财富，但这也是一个很好的机会，去见见我的老朋友，神圣的克里希那。"

然后，他又对自己妻子说："我不能空手去见自己的朋友，请给

---

① 这里提到的这位贫穷的婆罗门，叫作苏达玛，是克里希那的儿时好友，二人的友谊故事流传很广，代表着人类永恒的友谊，不受贫贱与富贵的变化。后来，印度中世纪伟大的印地语诗人纳罗德默达斯还写就一部著名的长诗《苏达玛传》流传后世。——译者注

我一些东西，可以送给他。”

于是，她就给了他一把干瘪的米粒，并用一块布包扎起来。

当这位贫穷的婆罗门进入克里希那住的辉煌宫殿之时，他感觉到了一种巨大的平静，而当克里希那热烈地欢迎他这位好朋友时，他更是感到了无边的喜悦。

婆罗门小憩之后，克里希那就握着他的手，一起坐在那里，畅谈在学生年代的往事，还有他们一起跟随桑迪帕尼老师学习的一些记忆。

就这样，他们一直聊着聊着，突然，克里希那问婆罗门：“朋友，你从家里带了什么东西给我啊？我很乐意接受任何带着爱的礼物，哪怕是一件小小的玩意——譬如，一片叶子，一朵花，或者就是一小块水果，或是一滴水。”

尽管克里希那给了他这般肯定而鼓励的眼神，这位贫穷的婆罗门还是不好意思，他把妻子给的干瘪的米粒送给克里希那，随后，他陷入了沉默。

然而，克里希那，这万能的宇宙之主，全然知晓这位婆罗门的心思，知道他并不是为了财富而去爱神、崇拜神，他纯粹是为了爱而爱，他来这里，也只是为了取悦于他的妻子，并无世俗的欲望。克里希那为了让他的信徒开心，自忖道：“我要给他一个惊喜，送给他巨大的财富。”于是，他拿着这位朋友的这一小袋米，愉快地吃起来，一边吃完了它，一边还啧啧称赞：“啊，这米真好，太好吃了！”

婆罗门作为克里希那的贵宾，就在王宫里面留宿了一夜，第二天早上，他告别克里希那，出发回家了。不过说真的，他的心情还是有一些沉重，因为，他不知道该怎么向妻子交代。她肯定希望自己能够带回许许多多的财富。但是，他又想，他怎么可以向克里希那要任何的物质财富呢？不，他满足于自己的贫穷，并沉浸在克里希那的爱中。他一边想着，一边缓缓地走着。

然而，当他靠近自己的家时，奇怪的事情发生了。他找不到自己的破屋子，看到的居然是一座豪华的宫殿，坐落于美丽的花园当中。他使劲揉了揉眼睛，怀疑自己是不是在做梦——可是，这不是梦。甜美的音乐飘扬在空中，他的妻子，正穿着华丽的衣服，戴着贵重的珠宝，边上美丽的少女们就是她的随从，她们站在那儿欢迎他的回家。

婆罗门见此情景，祈祷道："神啊，愿我不会迷恋于你赐予我的财富。愿我对你的爱永远纯粹。愿我一次次地出生为你的朋友，你的仆人；愿我永远全身心地为你服务。"

第十一书

引言

这位苏塔歌人继续复述叔迦天人讲述的故事，这次讲的《薄伽瓦谭》总结了室利·克里希那的生命，主要内容是由室利·克里希那的伟大教导组成。

第一章
众天神对室利·克里希那的祷告

梵天和湿婆带着他们的随从，以及众天神从天堂下来，一起去德瓦拉卡（Dwaraka）朝拜室利·克里希那。因为他们知道，宇宙之主毗湿奴已经化身为克里希那。令人振奋的是，克里希那通过在世界上建立真理，并传播正法的荣耀，带走了人类的罪恶和不洁。当他们抵达德瓦拉卡，这个美丽而又辉煌的人间城市，一眼就看到了克里希那，他英俊的妙相让人着迷，浑身散发着纯洁的光芒。他们把自己于天堂的花园中收集起来的鲜花轻轻放在室利·克里希那的莲花双足边，用这样的歌声赞美他：

“我们歌颂你，神啊，我们的心完全臣服在了你的莲花双足之下。

那些真正热切地奉献于你，冥想你的人，将从以往的恶业中解放出来。

哦，你是一切的主宰，万夫莫敌，

借由你的不可思议的神圣力量，宇宙显现出来，

起初，你诞生宇宙，你便寓居其中；

中间，你维系宇宙，维系正法；

最后，你消融宇宙，万有皆回归于你，在你那里化为一体。

宇宙不能限制你，也不能逾越你的边界。

你毫无执着，唯在自己的荣耀中闪耀光芒，沉浸于自我无限的喜乐之中。

哦，尊敬的至上者啊！

如果一个人心存恶念，仅仅学习经典于他有益吗？

慈善，苦行，或祭祀，对他毫无益处。

然而，如有一颗纯洁的心灵，常常冥想你荣耀之人，他确实有福了；

当他听到你的荣耀之时，他的灵魂将在喜悦中融化，与你合一。

“让我们从罪恶的捆绑中解放出来！

愿你的莲花双足像火焰一样，燃尽我们的恶念！

圣人们冥想你的莲花双足，他们的心融化在你的爱中；

这样，他们就能实现幸福，摆脱困苦。

那些寻求与你合一的人，将以不同的方式和路径崇拜你的双足；

他们崇拜你的双足，甚至超越了天堂本身。

“当祭司们手捧祭品，投进祭火，他们敬拜的是你的莲花双足；

当瑜伽士们深入冥想，努力地与你融合，渴望知晓你的神圣力量，冥想的只是你的莲花双足；

来自不同时代、不同地域的神的无数爱人们，皆以不同的方式崇拜你的莲花双足。

即使是最卑微的信仰者，给你最微不足道的供奉，你也一样欣然接受。

愿你的双足就像火焰一样，燃尽我们的恶念，再无残留！

“哦，无限之神啊，

愿你的莲花双足带领我们——你的无穷崇拜者，远离一切的罪恶。

你的双足覆盖了整个宇宙；

神圣的恒河从你的脚上流过；

你的双足使那些邪恶而不道德者惧怕，

你的双足也使善良而虔诚之人再无畏惧。

“让你的仁慈降临在我们的身上，请护佑我们；

愿你的双足赐予我们美物。

你是至高无上的存在，

超越一切时间和空间，

你是一切事物的规则，是万有的向导。

“你是宇宙的源头；

你的里面有它的存在和延续；

最后，它们也将消融于你。

你是无差别之物的统一律则；

你是世间一切生命的引领者。

你就是所有智性的第一智性。

你是时间，拥有巨大的力量，可以摧毁一切。

你确实是至高无上的那一位。

“你是无限的梵，无形相，无属性；

你也是全能的父母神。

宇宙菩提就在你的里面，我们借由你才能感知存在，

从你那里，生育出了宇宙和所有或粗糙或精微的物体；

所以，你是有知觉之物和无知觉之物的主人。

你是感官的终极主宰，即使穿梭于感官物体之间，却丝毫不被它们沾染。

你为我们指引了理想：生活在人世，却永不执泥其中。”

梵天和湿婆，带着其他众神，就这样向主神致敬，他们在颂歌中升入了天堂：

“主神，我们恳求你在大地上建立神性的王国。你，这一切存在者最内在的灵魂，已经实现了我们的愿望。在那些真正的寻求者和虔敬者的心中，有你建立起来的真理。你的荣耀穿越四海，驱散无明和不洁的迷雾。

“那些聆听和传颂你骁勇绝伦的事迹之人，确实有福气了；那些冥想你神圣的游戏者也备受鼓舞，被你祝福，因为他们也应当超越了所有的无明。

“主神啊，你这至高无上的存在，你来到地球已经过了一百年，或更久远的岁月。现在，你这宇宙的支柱，已经完成了化身为人的任务。因此，如果这确实是你的愿望，那请屈尊返回你那永恒的住所吧，永远保护我们，为我们指引方向。”

于是，这位充满祝福的主神，他同意了，说道：“我已决定离开地球。我在这里的游戏已经告一段落。我的国已然在此建好。”

梵天和湿婆，满心欢喜，向宇宙之主再三致敬，与众天神一道，返回了他们天堂的住所。

第二章
弃绝的理想

乌达瓦，一直虔心地服务于克里希那，知道了克里希那打算离开地球，返回天堂。他内心恐慌，那一次，当他看见克里希那独自一人时，就走过去，匍匐在他的莲花双足之下，以发自肺腑的真挚语言，如此说来：

哦，众神之神，
瑜伽士中的国王啊，
言说你的话语之人有福了，
听到你的声音之人有福了。
而你，即将离开地球，前往你那永恒的逍遥之居。
你是我心中的主神，哦，科沙瓦；
哪怕与你分离片刻，都让人无法忍受：
请带着我一起吧，到你的居所去。

哦，克里希那，能够聆听你的教诲，并冥想你的神圣生活和神圣游戏的人们，确实是深受祝福的，因为，他们将会摆脱所有的世俗欲望，且抵达你的存在。

可是，作为你的崇拜者，和你无法分开的伴侣，如何能够离得开你呢？

你是我们唯一的爱人，

你是我们真正的自我。

事实上，我们作为你的仆人，也将征服你的摩耶——存在的幻相，正是通过你的神圣陪伴，对你的服务，才能得胜，得以如此。

圣贤之人，摆脱了物质意识，实践伟大的苦行，过着最节制的生活，自律，纯洁，远离世俗的欲望，抵入你的存在，这一梵的居所；

但我们居住在人世，仍然受着业力的束缚，唯有你的恩典，才能帮我们克服整个时代的局限。

只有通过与你的奉献者谈论你，牢牢铭记你的事迹，深思你的话语，默诵你的曼陀罗，进而冥想你的神圣生命与神圣的游戏，我们才能够征服这个世界，走出无边的暗夜。

克里希那

哦，亲爱的人哪，你听说的那些是真的：

我将返回我于天堂的住所。

我已经完成了我降生此世的使命。

哦，崇高的灵魂啊，

当我走后，你必须弃绝这个世界。

放弃对朋友和亲人的依恋，放弃“我”和“我的”这样的念头，即使四处飘荡，也要将心意专注于我，在一切之内看到我的存在。

我确实要对你说，这个被心意所认识、被感官所感知的客观世界，只是意识的投射。它短促易逝，并非真实。

善恶同时存在于世上，一个无自控能力者，因无明看到的尽是世界的纷乱。他经验着善业和恶业，而且无能为力。

因此，控制好你的感官，用净化的心灵去观看自我中的宇宙，以及在宇宙中的自我，还有我，作为克里希那里面的那颗灵魂——至高无上的主。

当你获得了知识和智慧，你能感知到自己与所有显现的存在者是一体的，当你已知晓了自我，并发现灵魂的喜乐，你将摆脱所有的限制。

你将自发地超越了善恶。你将自觉地行善，而再不考虑功德。你将自然地远离恶行，而不是出于对罪恶的惧怕。

成为平静者的朋友吧，建立知识和智慧，视我为宇宙的自我，你将真正地克服悲伤，臻获自由。

乌达瓦

哦，瑜伽之主，你是瑜伽士的珍宝，是瑜伽的化身，是一切瑜伽的源头——你为了我的最高利益，向我推荐了弃绝之路，成为弃绝者桑雅士。

哦，你是无限者，欲望的弃绝于一个依恋世间的人来说，确实相当艰难，但是，那些对你——所有存在者的自我——不具备奉献之心的人，他们的艰难已到了无以复加的地步！

我虽愚笨痴心，居住在摩耶的幻境之中，强烈依附于私我和世间的享乐，但是，请教教我啊，你的仆人。神啊，让你的仆人可以谨循你的教导，按照你的旨意行事。

哦，主神，你是自我，你是发光者，就是真理的化身。你是阿特曼，是所有存在者最内在的灵魂。你是万师之师。

我软弱无力，为世俗所苦，在你这里才能找到安慰与依靠。哦，宇宙之主，无所不知者，人类的朋友，请你传授我智慧吧。

克里希那

有分辨智的人，他借由自己的努力，可以摆脱罪恶和世俗之物的束缚。

自我是你真正的导师。只有通过自我，人们才能觉悟到至善。首先借着理性，再者，借着先验的直觉。

那些已然获得内在平静的智者，他们熟练掌握神秘的知识，深入瑜伽的冥想，发现了我的存在。他们发现我拥有神圣的属性和力量，最大程度地显现于人类那里。

我确实存在于一切之内，但是，我在人类之内显现得最为完整。人类的心灵，正是我最爱的居所。

当一个人出生并发展出了自控的能力，他将寻求对我的认知，并超越感官而发现我。

这种内观能力的开发，将使人感受到我的存在之真实性。为阐述这一真理，乌达瓦，我将为你讲述一段古老的故事。

第三章
托钵僧的二十四位导师

克里希那（继续说）

看到年轻又睿智的托钵僧阿瓦杜塔（Avadhūta）[①]毫无畏惧地在森林当中四处游荡，精通圣典的亚度国王（Yadu）甚是惊叹，不禁对他发问道：

“哦，婆罗门啊，你已摆脱了私我意识。请告诉我，你是如何臻获这一无边的智慧的，能让你如此无所畏惧地行走在大地之上，就像一个孩童一样？

“通常，人们寻求宗教的庇护，或渴望知识的获得，内心却潜藏着追求成功、名誉和财富的隐秘动机。

“可是你呢，机敏、能干、有学识，还是最受欢迎的雄辩家，成功的大门向你敞开着，难道你完全不为自己的利益着想吗！那简直就像一个傻子。

“纵使人们正在被贪婪和欲望的熊熊大火炙烤，而你却丝毫不会

① 阿瓦杜塔，其意思是“自由的灵魂，放弃了所有世俗之欲望的人”。——译者注

被其中的热度所影响。哦，婆罗门啊，请你告诉我，如何过着孤独的生活，在自我之中寻得自足与喜乐，不被世间的悲苦现象所影响？”

面对聪明的亚度提出来的这些问题，这位高尚的婆罗门回答：

“国王啊，我以自由的灵魂在大地上游荡，受到许多导师的智慧教导。请仔细谛听，谁是我的古鲁：大地，空气，以太，水，火焰，月亮，太阳，鸽子，蟒蛇，大海，飞蛾，大象，蜜蜂，采蜜者，林中的鹿，水里的鱼，妓女萍戛拉（Pingala），鱼鹰，孩子，少女，制箭者，蛇，蜘蛛，还有一种特殊的昆虫——布拉玛拉-基塔（Bhramara-kita，黄蜂）。

“这里就是我的二十四位灵性导师，我的古鲁，我从他们身上学到了知识，增长了我的智慧。我将为你讲述这些课程，分别是谁教我，又是如何教会我的。请留心，注意倾听我的话。

第一位导师：大地

“大地教我宽容和耐心，并为了行善而行善。智慧坚定之人，即使在别人的胁迫之下，也不应偏离真理或失去平静。智者应该像地上的大树或大山，善待所有人。他必须从出生开始，就这样坚持信守，直至老死。”

第二位导师：空气

“正如空气不会受到香味或臭味的影响，所以，一位智者，纵使穿梭于不同性质的感官物体之间，也应当保持不染着于善恶美丑。即使居住在身体里面，会有很多很多的局限性，可是，一位真正的智者，他的意识一直专注于无限的神圣自我，始终是安静的、温和的、不动心的。”

第三位导师：以太

“阿特曼，好似遍在的以太，呈现在有生命的个体与非生命的个体之内。对于无所不在，清净自由的阿特曼，智者纵然生活在肉身里面，已经意识到了自我与梵的合一，并永远不会停止他的冥想。

“就像以太不受云雾的影响，它也不会被大风吹动，所以，一位智者，他也不会被瞬息万变的宇宙现象所触动。”

第四位导师：水

“圣人应该像水一样，清澈，舒缓，清甜，而又洁净；像水一样，能够净化所有尊敬他，并以他为伴的人。”

第五位导师：火焰

“他闪耀着神圣的荣耀，散发着天堂的光辉——他已通过苦行而变得自律和无所畏惧。他像火焰一样在物质之间移动，而不被其中的邪恶所影响。

“他神圣的力量有时深藏不露，却为崇敬他并渴望真理的人展示。

他接受他们崇拜的供奉，作为回报，他就像烧毁一切的烈火，带走了他们的杂质，以及他们过去的和未来的恶业。

“正如火以具有燃性的物体出现，遍在一切的主神，也以存在者的形式出现。

“正如火焰在上升或下降，而不是火本身，生死属于身体，而永不是自我。”

第六位导师：月亮

“随着时间的循环变化，月相发生了变化，但这实际上并没有影响到月亮本身。所以，生死之变化，只关乎身体，却不会影响到阿特曼。”

第七位导师：太阳

“正如太阳只有一个，却在不同的水面上映现为无数个太阳，唯一的阿特曼也是类似的情况，显现在众多的个体身上，似乎变成了无数个。”

第八位导师：鸽子

“从前，一只鸽子和它的伴侣住在树枝上的一个巢里。它们爱着彼此，并亲密地生活在一起。在适当的时候，小鸽子诞生了，这对幸福的父母温柔地照顾着它们。一天，当父母外出觅食，小鸽子们进了猎人的陷阱。当鸽子夫妇回来，发现了这个事情，鸽子母亲悲痛欲绝，尽管知道这样做肯定会死去的，它却主动地投进了陷阱。可怜的鸽子父亲，被家庭的巨大变故所击倒，丧失了所有的谨慎，也掉进了同一个陷阱，一样被杀死了。同样，那些生活悲惨的人，他的感官是不受控的，故没有内心的平静，随着生活的跌宕起伏，没有分辨力，还受制于家庭和财产——这样的人，最终只会从悲哀走向悲哀。

“已经生而为人，就是打开了一扇通往梵的大门，如果一个人像鸽子一样依附于世界，这是不配称之为人的。众生皆有感官的乐趣：那就把它们留给畜生吧！智者从不追求它们。”

第九位导师：蟒蛇

“食物自会来到蟒蛇的身边，它很满意大自然的馈赠。

“所以，一位智者也应当这样，满足于放在他面前的任何食物，无论是美味的或不美味的，丰盛的或简陋的。

“他努力生活，并不只是为了维持他的生命，由于他的精力和技术都适当地应用于心意与神性的合一，这一至高的目标，就会推动着生命的前进。”

第十位导师：大海

“智者像极了大海平静又安详之时，智者平静，淡定，富有智慧。大海充盈却不会满溢，也不会让河流干涸；同样地，智者的心灵与神是一体的，即使身处生活的困境，也保持着平静与恒定。”

第十一位导师：飞蛾

“缺乏自控能力的人，他不能抵抗肉体的欲望，这是最强烈的世俗诱惑，因此而跌入无边黑夜，好似飞蛾扑火一般。

“愚人的视线被蒙蔽了，被短暂而又虚幻的欲望和贪婪所迷惑，最后就像一只飞蛾，毁了自己。”

第十二位导师：大象

“请别用好色的眼光看待任何东西。好色之徒必陷入罗网，就像公象一摸母象就会掉进猎人的陷阱一样。因此，请像避开毒药一样，摒弃一切的放逸。”

第十三位导师：蜜蜂

“蜜蜂从不同的花朵中采集花蜜，类似地，智者也是这样，他接受不同经典的精髓，并在一切宗教中看见善。

“同时，不要囤积财富，像蜜蜂贮藏蜂蜜。这样做的人，他就会真的像蜜蜂一样，最后将因着财富而可能会被一起毁灭。”

第十四位导师：采蜜者

“不要学习那些采蜜者，他们总是从蜂巢中偷取蜂蜜，从悭吝之人手中获得他所积蓄的财富，然后只是去做买卖。他们自己既不会享受财富，也不容许财富得到有效的利用。”

第十五位导师：林中的鹿

“智者永远不应当听充满感官诱惑的靡靡之音，相反，他应当从深林迷鹿的身上吸取教训，它因醉心于甜美的音乐，结果掉进了猎人布下的陷阱。”

第十六位导师：水里的鱼

“无知又贪婪之人，他们的味觉不受控制，他们遭遇死亡，就像鱼儿被鱼钩钩住嘴巴一样。味觉器官是很难控制的器官。一个人如果能够控制好味觉的器官，那他就能够控制住所有其他的器官。”

第十七位导师：妓女

“很久以前，在维德哈（Videha）城中住着一个妓女。我在她身上学到了很重要的一课。国王啊，请听我说：

“一天夜晚，萍戛拉穿着妖艳，像往常一样站在门口，把任何一个偶然相遇的情人带到幽会的地方。她对财富有着强烈的欲望，看到大街上来来往往的男人，她便投以色欲的眼神来诱惑，认为他们中的任何一个都是她潜在的财富来源。在很长的一段时间里面，他们陆陆续续地走过，并没有被她的美貌所吸引。尽管如此，她还是天真地希望，将来会碰到有钱人在她身上肆意挥霍金钱，于是，她就继续守在门口。最后，午夜都过去了很久，她又累又不耐烦，心里泛起一种深深的厌恶；这时，一道清澈的亮光照进了她的心田，她看到了自己的愚蠢。

“‘哎，我呀！’她自言自语。‘我是多么的愚昧，多么缺乏自制力！我是一个十足的傻瓜，竟然期望从别人的身上得到自己的快乐。’

“‘我的神就在我身边，他是永恒，他是真正的爱人，快乐和满足就在他那里，一切的财富尽在他里面。这不可估量的财富原本就一直在我身边。但是，我却离开了我挚爱的神，像一个傻瓜那样追求偶然遇见的男人，他们永远不可能满足我的欲望，反而会招致更多的痛苦，恐惧，疾病，悲伤与虚妄。

“‘哦，我用这种可鄙的方式折磨自己的灵魂，全是徒劳的；我为了获得财富和享乐，出卖自己的身体给那些欲望和贪婪的奴隶，全是徒劳的。在维德哈城，我也许是唯一的一个蠢人，揣着坏肠子，以如此粗糙不堪、充满物欲的方式去寻找快乐。

“‘而神终于点亮了我这颗一直沉睡的心。神是永恒不变的实相。他是朋友，是爱人，他也是主人；毋庸置疑，他是居于一切生物之内的灵魂。需要放弃身体的享乐，才能在他那里寻到快乐，我将永远永远地居住在他那里。

“‘短暂的感官物质永远不能提供真正的享受。而且，女人何曾在善变而又受制于死亡的男人身上寻得至高的善呢？

“‘无疑，我已经得到了神的恩赐，因为我出于失望而升起了这样一种令人愉悦的厌恶。我的痛苦为我指引了平静之路。借着主神的恩赐，我将独自前往，我要投靠于他，放弃对感官享乐的徒劳追寻。借着他的恩赐，我将变得处处平安，只为我的爱人——这挚爱之神的

陪伴而深感愉悦。我就像掉进了一个邪恶的无底洞，被我的世俗观念剥夺了真实的视野，唯有他才能拯救我。’

“当一个人见识到世界好似朝露，不啻一瞬，他就获得了真正的分辨力，并远离了世俗物欲。自我就成为他自己的救世主。

“于是，妓女萍戛拉就获得了这样一种真正的分辨力，她放弃了所有徒劳的希望，镇定下来，变得既平静又安宁。

“希冀是最大的悲苦起因。对希冀的弃绝，反而会成就最大的喜乐。”

第十八位导师：鱼鹰

“执着，”阿瓦杜塔继续说道，“导致悲苦。摆脱这种依附，则带来无尽的快乐。这是我从鱼鹰身上学来的，它的嘴里如果叼着一块肉，那就会被更强大的大鸟攻击，只要它交出那块肉，就得到了自由和快乐。”

第十九位导师：孩子

“责备和赞扬对我来说是一样的。我毫不在乎，故没有焦虑，不像那些迷恋于家庭和财富的人。我在神那里找到了我的同伴，我在沉思自我时收获了喜乐，我就像一个孩子那样，无拘无束，天真快乐，我可以自由地在各处游荡。

“智者，已然超越了三德束缚的智者，他无忧无虑，就像一个孩子那样——但那又是多么不同啊！因为孩子的快乐出于无明，而智者的快乐，则纯然来自智慧。”

第二十位导师：少女

“少女，也给我上了重要的一课。也请听我慢慢道来。

“从前有一个美好的年轻人，在随从的陪同之下，来到一位少女的家中，向她诚挚求婚。因为家里来了这样的贵客，就需要为客人准备食物，可少女的家人并不在，她觉得有必要亲自给稻谷剥皮。现在，她因为少女的骄傲，不希望她的爱人和随从们发现她在干这样的粗活，可是，她在给稻谷去皮时，手腕上的贝壳手镯发出声响，她担心会被发现。她灵机一动，赶紧一个一个地取下叮当作响的手镯，把它们放到一边，直到每个胳膊上只剩下两个手镯。但是，当她继续剥皮时，这两个还是会相撞，发出声响。于是，她又从胳膊上各取下一个手镯。留下的单个手镯，终于不会有声音了。

“这就是我从她那儿学到的：许多人居住在同一处所，就会很嘈杂，还会相互吵架；即使只有两个人住在一起，还是会有出现彼此伤害的交谈。最好的办法是独居，就像少女手臂上的单个手镯。

“稳稳地独自静坐，控制好你的呼吸，抖落所有的昏沉。应当聚集起散乱的心意，并实践心意的专注。需要通过不断的练习，保持心意的集中和稳定，并让自己远离各种外在的依附与执着。

“当心意稳定在神的意识上，展现出的萨埵能量就远远超过罗阇能量和答磨能量。他不再狂热地追求世俗的享乐。心若不再受欲望搅扰，平静就会尾随而来，正如不再添柴的炉火，会渐渐熄灭。”

第二十一位导师：制箭者

“一个人只要有这样专注的心灵，他就能够超越主观世界或客观世界的纷纷扰扰。他就像制箭者一样，制箭之时，心中只有他造的箭。”

第二十二位导师：蛇

“蛇钻进别的动物挖出来的洞，就可以在那里快活地生活着，十分自在。什么样的家能够牵绊住一位圣人呢？他独自游荡，累了就在洞穴里面休息。他不炫耀自己的精神成就；他沉默寡言，因为他只说对别人有益的话。”

第二十三位导师：蜘蛛

“就像蜘蛛用嘴巴吐出丝线，并玩弄它；永恒不变的主神，无形，无属性，他是绝对的知识，绝对的喜乐，从他自身中产生出整个宇宙，然后，就与它一起游戏，最后，又将它收回自己里面。”

第二十四位导师：黄蜂

“当一个人心无旁骛地思考，无论是出于爱、恨，或恐惧，他将成为这所思的对象。当蟑螂被黄蜂[①]攻击，成了布拉玛拉–基塔：它专注于它的敌人，在没有失去最初意识的情况下，它变成了自己恐惧的对象。”

“所有的这些，都是我从众多导师身上学到的智慧。现在请再听我讲，我的身体教会了我什么。

“反思身体的本质，作为生与死的主体，作为痛苦与不幸的根源，我已在自我内在觉醒了冷静和分辨。我知晓自我不同于身体，于是，我开始冥想永恒的真理。

“这个身体，男人为了它的快乐和舒适，娶了妻子，建起一个家，持有家产，并努力地积累财富，最后，又像一棵秋天的树木那样枯黄，凋零。

“如果他们继续不受控制，感官物欲就会逐渐败坏他的道德本性——就像拥有许多的妻子一样。

“神通过他的神力创造出了各种各样的物体——树木，爬行的动物，飞奔的野兽，飞翔的鸟类，小昆虫，鱼类，他觉得这些还不够。于是，他创造出了人类；这是最适合亲证他的工具，神就很高兴。

“既然已降生为人，这罕见的、受祝福的身体，智者们，将虚无还给虚无，用自己的一生来寻找神，并只是为了认识神、亲证神而努力。

“我的物欲已经被驱散，神圣的光照亮了我的前路，成为引领我

---

① 一种在墙角或门上筑巢的黄蜂，有翅膜翅目昆虫各科中的一种，其特征是身体细长，腹部由狭窄的柄连接，口器会咬人，雌虫和雄虫的毒刺可反复使用。——译者注

前行的向导，我无拘无束地在大地上漫游，摆脱了一切的执着，再无我慢的困扰与利己主义的意识，稳稳地建立起了自我—知识。

“人们确实可以通过许多老师学到一样的真理。独一无二的梵，是被圣人们以不同的方式来命名的。”

听完阿瓦杜塔的教导，亚度国王也摆脱了对身心与世界的依附，获得了平静。

第四章
认识自我

克里希那（继续说）

到我的庇佑中来，学会不执着地履行生命中的一切职责。

用纯洁的心灵去思考依附的罪愆。

这个感官所感知到的，那包罗万象又瞬息万变的世界，就如泡影一样无实，像梦境一样虚空。

让心意专注于我，从事无私的行动，这将带给你自由。放弃私己的工作，因为它带来了束缚。一个人对真理的追求是超越职责的。

把你那颗坚定的心歇息在我那里，实践最基本的美德。譬如不伤害、不贪婪、要真实、要贞洁；养成有规律的清洁法、学习圣典和知足的习惯，并一心一意地臣服于我。

服务你的古鲁，你的导师，他们内心平静，已经觉悟到我，并与我合为一体。

远离一切骄傲和嫉妒。放弃所有“我”和“我的”这样的观念。用爱的强大纽带将你自己和你的古鲁联结起来。用你的智慧去寻求深度的真理，但不要急躁。远离嫉妒，放弃一切无意义的空谈。

学会用平等的眼光看待所有的存在者，在一切中看见唯一的自我。不要依恋于你的妻子、孩子、房子或财产。

你的自我——阿特曼，是永恒的目击者，自我发光者，物质的身体和灵魂的身体是不同的，就像燃烧并发出光命的火不同于木材一样。

正如火焰有大有小，有开始也有结束，由于被错误地认同于燃烧的木头，阿特曼似乎也带上了他所居住的身体的属性。

对身体的依附确实会引起所有的束缚与苦难。知晓自我的真理，就能臻获自由。

你出于无知，将短暂的身体视为自我的实相。揭开这一遮蔽你真实智慧的面纱吧，知晓你的自我是纯粹的，自由的，而且还是最神圣与绝对的。

知识是愉悦人心的。要遵循优秀的导师给你指点的道路，让知识之火被点燃。让知识之火烧毁那些妄念，那些将你和三德及其作用捆绑在一起的妄念。

只要在自我之中仍有多样性的意识，而不是统一的意识，一个人就会被无明遮蔽，会认为他自己就是一个独立的存在，是行动的执行者，是结果的经验者。他仍会受制于生死，体验苦乐，受制于他自己或善或恶的业力束缚。

如果他行善积德，死后将会进入更高的天球，即天堂，享受善行的结果。但是，在善果效用耗尽之后，他又会被扔到凡人的世界。

当一个人做了恶事，他将被惩罚，毫无希望地被降到暗黑的世界，然后，返回地球进入答磨属性的身体之中。凡人怎能指望这些只会导致悲伤的行为带给他永恒的幸福呢？不可能的。事实上，这所有的行为，只会令执行者更深地受制于轮回。

行动是三德的游戏。人和三德结合，就成为执行者和经验者。他把唯一的自我想象成多种多样的呈现。只要他看到的不是一而是多，就会受束缚而有所依赖。然而，当他在一切事物中看到了那唯一的自我，他就会从三德中解放出来。

那些以享受作为生活目标的人，最后只会以悲剧收场。

乌达瓦

神啊，请告诉我，人们在三德的限制下，该如何获得自由。该如何区分自由的灵魂和受限的灵魂？一个人如何自由地生活，又如何自由地行动？希望你能够再帮我消解心中的疑惑：

“永恒自由的灵魂如何会受到束缚呢？”

第五章
灵魂的束缚与自由

克里希那

自我，永远自由，因为他和三德结合，而看似受到了限制，其实非也。三德本身就是摩耶之幻的产物，事实上，灵魂本身是没有任何束缚的。

悲伤和妄想，快乐和痛苦，甚至载着灵魂行走的生死本身——也都是摩耶幻觉的影响。生死经验之于永恒的灵魂，正如梦幻之于觉醒的心，这颗心会清楚地知道，这只是一个个梦境而已。

我的摩耶自身同时具备束缚和解放的力量。负面的摩耶是无明的面纱（Avidyamaya），会导致灵魂严重受缚。正面的摩耶是导向解脱的善德（Vidyamaya，智慧摩耶），能够消除人类的无明；于是，人类的灵魂，即属于我的那一部分存在，就知晓了他自身的本质是自由的。

现在我将告诉你更多关于人类灵魂的知识，包括受缚的灵魂和自由的灵魂之间的区别。

一棵树上有两只鸟，长着美丽的金色羽毛，看起来非常相似，它们是一对分不开的伴侣，在这同一棵树上自由地筑起它们的巢穴。其中一只鸟吃着树上长的香甜的果子或酸涩的果子，另一只鸟却从来不吃这树上的任何果子，它拥有更强的力量和更大的荣耀。这只不吃任何果实的鸟，它确实是明智的，它借助非自我而知晓了自我；另一只品尝果实的鸟却不然。这只与无明相互结合的鸟总是受到世界的束缚，而另一只则拥有智慧，是永恒自由的。

智者已经从无明的梦境中醒来，即使他还居住在身体里面，却知晓自我不同于身体。无明之人，仍陷在梦境之中，总是会把自己认同为这一副躯体。

智者，视自己为永恒不变的实相，即使他的感官穿梭于物质客体之间，却深知自己不是行动者，而是对客体做出反应的诸感官的目击者。

然而，无知之人住于身体里面，那不过是他前世行为的结果，他将自己与现世行为等同起来，这些行为究其实际，只不过是三德的游戏而已。而他却被自己的行为捆绑了。

智者摆脱了三德的作用和束缚，不同于仍受行动捆绑的无明者。即使生活在三德之中，智者永远保持着纯粹，不沾染，就像纯净的天空，或者像自我发光的太阳，又或像清理一切的火焰。纯粹的知识之光驱散了智者的疑虑，他从多重世界的梦境中觉醒，看到了所有存在者之内的唯一自我。如果他的心没有依恋和欲望，他就能够解开身体的限制，即使他还生活在身体之内。即使他的身体也在行动，他的头脑也在思考，他仍然不受任何的影响。

真正的智者，不会因为别人的赞美或责备，爱或恨而激动不已。他不为生活的负面现象所动。他确实是以喜乐的自我为乐。

如果一个人精通圣典，却只是停留在文字的表面，而没有领会实践之要旨，并活出真理来，那么，他所有的努力终究是一场徒劳。

这些确实是痛苦的根源：不能产奶的奶牛，不忠诚的妻子，做人类的奴隶，邪恶的儿子，财富落在不配得钱财之人的手中，没能表达神性真理的那些无聊的话语。

放弃所有空谈，走出妄想的泥潭，将你纯洁的心灵专注于我——无处不在的梵——之上，你就会寻得平静。但是，如果你不能保持心意稳定。不能专注于我，那就学会专注于行动吧，同时学会不执着于行动的结果，将行动的所有成果敬奉给我。

哦，乌达瓦，我的多次化身，以及其事迹都是神圣的，都是为了众生的利益。带着敬意聆听它们。歌唱我的荣耀。请默念我、沉思我；将我作为你最高的避难所，只为我的缘故去追求世界的责任、正直的愿望和人类的财富吧。于是，你将会获得对我坚定不移的爱，因为我就是永恒的真理。

那些带着爱和忠诚冥想我的人——他必定抵达我的存在。

乌达瓦

神啊，请告诉我，你的信徒都有哪些品质，什么样的敬献最让你满意。

克里希那

作为我的信徒，他热情善待所有的存在者；他对任何人都不怀敌意；他宽容大度；他唯一的依靠就是真理。他不夹杂一丝一毫的杂质，他对所有的存在者一视同仁，为了众生的利益而持续工作。他的心灵没有被任何的欲望所玷污；自律，脾气好，纯洁，没有私我的意识，平静，温和，是心意的主人，同时以我为庇护所，稳定而专注地冥想我。他沉着，宁静，耐心，掌控着整个大自然，他不为自己寻求荣誉，而是将荣誉给予所有的人。

完全开悟的圣人，能够将真理传达给其他人。他对所有的存在者友好且慈悲。他懂得分辨善恶，他只崇拜我，并将所有的行为屈服于我。

那些知晓我的真实本质，并坚定地崇拜我的奉献者是第一位的，超过了所有的信徒。他们借助我的象征和图像崇拜我。我在信徒们的心里映现得最为完全。我以聆听和阅读我的神圣化身故事为乐。

遵守圣典规定的仪式，并沿承圣典的内在精神。郑重地向我宣誓效忠，然后依照吠陀经典或其他圣典的仪式，开始祭祀。敬献给我你最喜爱的事物——你最渴望最羡慕的事物。这种敬献，其收获是无限的！

冥想我，臣服于我，并为我服务奔走。

不要吹嘘自己的善行。摒弃利己主义，避免追逐名利。不要把知识之光用于私己的目的。

太阳，火焰，知真者，信徒，以太，空气，流水，大地，身体，以及所有的生物——这些都是客体，是我的象征之物，人们可以借助它们来崇拜我。

借由吠陀的伟大圣诗，人们在光明之中敬拜我。

通过祭品在火中的燃烧，人们敬拜我，告诉你自己，你的所有不洁都被烧尽了，恢复纯净。

借由热情地服务于真理的知晓者而敬拜我。

通过热诚地欢迎奉献者而敬拜我。

在神圣的心灵殿堂冥想我，借此来崇拜我。

将空气视为神圣的能量，将水视为圣洁的象征，借此来崇拜我。

通过大地来崇拜我，不断念诵神圣的曼陀罗，念诵我的圣名；通过身体来崇拜我，以饮食供养它；以永恒的视野敬拜我，我是居于所有存在者之内的那个唯一的灵魂。

在所有这些居所崇拜我，以我吉祥的形相，即适合你的理想妙身；带着专注的心意崇拜我。

通过工作和冥想来敬拜我的人，会一直活在我之内，并获得对我矢志不渝的爱。

哦，乌达瓦，圣人们以我为目的地，在所有这些通向我的道路中，爱之道路是一条极为殊胜的路径，既是最快乐的，也是最美好的！

现在，我将告诉你这条道路最深奥的秘密，因为你是我的门徒，我的同伴，也是我的朋友。

第六章
圣人的群体

克里希那（继续说）

……需要一些条件，譬如精神上的分辨力，美德的行为，牺牲，研习，苦行，重复神圣的曼陀罗咒语，去圣地朝圣，正直的行为——所有这些都有助于灵性的展开与壮大；但是，最大的帮助，还是来自圣人的陪伴，因为，人们可以通过服务圣人，并与他们建立起珍贵的联系，借以粉碎无明和依附的根源。众多获得最高觉悟之人，并不是通过研习吠陀，也不是通过对苦行的练习，而只是带着爱去服务这些神一般的圣人。

因此，乌达瓦，放下宗教的种种仪轨与礼节吧，全心全意地庇护于我——这所有存在者的自我，你将因此而超越恐惧。

乌达瓦

哦，你是瑜伽士们的君王，虽然我一直在听你的教导，可是疑虑并没有被驱散，并一直萦绕着我，我因此静不下心来。

克里希那

乌达瓦，整个宇宙在我之内，是我神圣能量的表达。我是无限，是不可分离的，是永恒不变的，而且是独一无二的神。这显现的、多样的宇宙，只是我的能量之表达。

古老的轮回之树，从梵的土壤中生长起来。它根植于生命的渴望，以及数不尽的欲望之中。三德是树干，粗糙元素是大树枝，感官和心意是树叶和细枝。物质客体是它的汁液，快乐和痛苦是它的果实（秃鹫，无明的世俗之人——吃着痛苦的果实；天鹅，有分辨力的智者——吃着幸福的果实）。尽管看起来像是确实牢固和永恒，其实它不过像梦幻一样不真实。并像梦一样短暂。在唯一的真理——这超越的自我——的光芒之下，它将消失不见。

因此，做到坚定并谨慎，你将通过与圣人的联结，且秉着专心一致的虔诚服务于古鲁[①]，使得知识之斧更加锋利，你用它砍倒轮回之树，知晓你的自我与梵为一体，并获得永恒的自由。

① 字面上，“专心一致的虔诚”（one pointed devotion）——此处“虔诚”（devotion）意为最高程度的专注。同样的词语也用于描述一个人的心意处于虔诚的冥想状态（in a state of religious meditation）。——原注

第七章
天鹅的圣歌

克里希那（继续说）

三德——萨埵，罗阇，答磨——属于心意，而不属于自我。超越三德，知晓自我。首先，借助萨埵，克服罗阇和答磨，然后，借助萨埵本身超越萨埵。

当一个人的萨埵能量发展壮大，他将升起对我的真爱，并坚定地为我而奉献他自己。在任何事物或人之中，会有一种或多种三德能量占主导。我们的行为和思想表达了其中一个或多个。事实上，在繁多的宇宙中，每一个物体都带有三德中的任一个或多个属性。为了发展自身的萨埵能量，只与那些表现为萨埵的人相联结。由此产生虔诚，心灵得以净化；接着便是启迪觉悟；最后获得至善——自由。

乌达瓦

哦，克里希那，人们普遍意识到感官享乐的短暂本质，也知道它会招致痛苦和悲伤；为何他们仍要盲目地追逐享乐，就像荒野里的走兽？

克里希那

无明之人不知晓自我，也没有自我知识带来的平静与安宁。他认同自己为身体、心意和感官，并被肉体的欲望所压制。当他接触到享乐的对象时，享乐的念头就挥之不去。这样的念头让他丧失了分辨的能力，变得迷恋感官。

在强烈的冲动情绪的支配下，缺乏自制力的人执意做出将会导致他未来的悲苦之行为。但是，有分辨能力的人，即使被欲望挑逗，立刻意识到欲望中的罪恶，并不受其影响，保持远离。他控制自己的心意，稳定地住于神圣的思想中。

放弃昏沉；定期练习专注于我：让心意从其余一切事物中撤回，凝神于我。关于这瑜伽的过程，乌达瓦啊，萨那卡（Sanaka）和我的其他门徒都有接受过我的教导。

乌达瓦

哦，克里希那，我请求你告诉我，萨那卡和其他人是在何时，又是如何从你这里学得了瑜伽。

克里希那

萨那卡和其他梵天之子，来到他们父亲面前，希望学习瑜伽的奥秘，就问父亲："尊敬的先生，心意被感官对象所吸引，它们主动吸附心意。一个寻求自由之人如何让自己远离依附的魔爪？"梵天对此无法解答。于是，他进入了冥想，以寻求我的帮助，我便以天鹅的形相出现在他们面前。

他们热切渴望知晓真理，于是他们问："你是谁？"我便以天鹅的形体回答说：

"哦，圣人们，如果你们的问题与我（即自我）有关，那么你们的问题是无用的；因为只有唯一的自我存在。如果你们问的是关于身体的问题，这其实也是同一个问题，每一个事物都由同样的元素组成；因此，这也是无用的问题。

"心意确实被感官的对象所吸引，感官对象确实依附于心意。可你既不是心意，也不是感官对象。你与我——即你的自我，永远是一体。放弃这一错误认同：将自我认同为心意或是行动与反应的对象，知晓你的自我与我本为一体，一直如是。放弃错误的私我意识，因其是一切悲苦的根源。

"如果一个人看到的仍然是多样性的世界，即使他在表面上看起来很清醒，实际上仍处于昏睡的状态。从无明的梦境中醒来，去亲证唯一的自我。只有这自我才是真实的。

"你是自我，是永恒的目击者。用纯粹的理性、真正的分辨力和自我的直觉点燃的知识之光，驱散依附的无明；敬拜我吧，我就居住在心灵的殿堂之中。

“今天存在的这个世界，可能明天就不存在了——像梦一样虚空，像火圈一样快速变幻。然而，唯一的意识——纯粹，超验——却显现为各种各样的形态。

“从客观世界收回你的心意。放弃对生活的渴望，心意平静地专注于神圣的喜乐中。

“在你经验过神圣的喜乐之后，客观的世界不再引你走向歧途，你将明白世界表象的虚幻性。

“一个认识到真实自我，且臻达圆满的人，尽管他的感官穿梭在物质对象之间，却丝毫不受影响，也不会将自己与身体或心灵等同起来。

“已经抵达三摩地的境界，并觉悟了真理，他不再让自我依附于非我。

“圣人们啊，这就是深邃的数论与瑜伽的奥秘。

“知晓我是至高的目标，是数论和瑜伽的终点，是真理、勇气、荣耀和自律的终极目标。

“实践不执的理想，在一切之内看见自我的统一性，崇拜我，我是你心爱的朋友，即你的自我。”

这是瑜伽的秘密，是我以天鹅的形相，讲述给萨那卡他们听的内容。

第八章
奉爱瑜伽

乌达瓦（对克里希那说）

不同的导师教导不同的通向至善的道路。你教导我们虔诚的道路。所有这些道路都一样好吗？

克里希那

我的智慧第一次向梵天展现，是以吠陀经典的形式。梵天将此智慧传给他的儿子摩奴，摩奴又将它传给七位族长和圣人——婆利古（Bhrigu）[①] 和其他的圣人。他们又接着传给他们的儿子和门徒们，由于他们性情各异，禀赋不同，对智慧的理解程度出现了差异，因此，

---

① 婆利古是古印度神话中的七贤之一，也是生主之一。一说，婆利古生于生主之精，后为伐楼那养育长大。另有一说，婆利古为伐楼那之子。又说，其父为摩奴；摩奴将其宇宙之说，传授于婆利古，婆利古又将此说传于世人。在印度教传统中，“婆利古”一词具有至高无上的权威。婆利古曾以其诅咒使友邻王变为蛇，并将其抛下天界。——译者注

出现了几种吠陀经的阐释。

许多道路被描述为抵达至善的方法，比如爱，履行职责，自我控制，忠诚，牺牲，赠予，苦行，慈善，宣誓，遵守道德观念。我能说出更多来，但是，在我说得出来的名字当中，爱，确实是最高的：爱和虔诚让人忘了其余的一切，是爱，让爱者与我紧紧结合在一起。借着对我的爱，一个人将感受到不可言喻的快乐，这喜乐的自我！一旦品尝到这一喜乐的滋味，所有世俗的享乐都归于虚无。

那些自律且心意稳定的爱人，只在我之内寻找快乐，他们心中除了我之外别无他念，整个宇宙充满了喜乐。完全臣服于我并在我之内寻觅喜乐的信徒们，他们所渴望的，既不是梵天或因陀罗的崇高地位，也不是对整个世界的统治权，甚至不是神秘的力量，或救赎。

这样的信徒对我来说是非常珍爱的。

他的确很高尚，不受欲望侵扰，冷静，怜悯所有忠于我的人。只有他知道我这无限的喜乐，他的快乐是无法丈量的。即使没有完全掌控他的感官，我的信徒们永远不会被它们战胜；他对我的虔诚，是他独有的救赎恩典。

正如火能产生耀眼的火光，把柴火烧成灰烬，所以，乌达瓦，忠诚于我，这将助他彻底燃尽所有的罪恶。

想要抵达我，既不是通过瑜伽，也不是通过哲学、行动、研习或苦行，甚至也不是通过弃绝欲望。那些纯粹爱我的人将会轻易发现我。我，这永恒的宇宙灵魂，与信仰者最亲近，他们能够轻易地通过爱和虔诚抵达。奉爱于我，即使是低贱中的最低贱者，也将得到净化。

没有对我的爱，美德和研习都将是徒劳的。

爱我之人必洁净，他的心浸润在喜悦之中。他通过唤醒更高的情感本质，升起超意识。喜悦的泪水从他眼里流下，毛发竖立起来，[1]他的心在爱中融化。这种状态的喜乐是如此的强烈，以至于他完全忘记了自身和周围的环境，他有时候大哭，又或大笑，可能唱起歌，或跳起舞；这样的信徒对整个宇宙都会起到净化的作用。

正如黄金在烈火中熔化，析出渣滓，变得纯净，同样，我的信徒通过爱的力量，让所有的罪恶消失殆尽。那些聆听或讲述我的神圣化身的故事而心生欢喜的人，他们确实有福了，因为他们的心意必定已被净化。心灵纯洁之人有福了，因为他们已获得了神的智慧。

如果念想这些感官对象，人们将会依附于它们。而如果沉思我，并居住于我的思想之中，人们将会体验到对我不断滋长的爱，最后融入我的存在。

别让你的心意追逐世俗之物，因为它们就像梦幻一样虚空。把你的心意献给我，虔诚地为我奉献，冥想我。

避免滥交，甚至需要避开物欲的社会。与充满欲望的男人和女人的联结，没有比这些联结更会引起悲伤和束缚的事情了。学会独立地爱，并保持警觉，时时刻刻念想着我。

乌达瓦

莲花之眼的克里希那啊，请教导我如何冥想。

---

① 这种现象，在西方只与巨大恐惧的情绪联系在一起，而对于印度的神秘主义者来说，这通常是作为一种由最高精神情感所引起的极端狂喜的身体表达。——原注

克里希那

以舒适的姿势坐立，身体竖直，将双手置于膝上，眼睛直视鼻尖。练习调息——吸气，住气，呼气——为了神经的净化。然后，练习外在感官的收摄，心意保持强大的耐心和毅力。

在练习调息时，同时冥想神圣音节 OM，在心里默唱，就像连续的钟声。你应当练习调息，配合 OM 的冥想，每天三次且每次十遍。如果你坚持这么做，你将很快获得能量的掌控。[①]

在心中想象一朵莲花，它的花瓣朝向下穿过中脉（Sushumna）。冥想时，想象莲花的花瓣再转而向上，莲花全然盛开。接着看见——在花的中央——太阳、月亮和火，环环相套。

然后，集中你的心意，在火焰之内看见你选择的作为神的象征（Ishtam）的慈悲形相。将他作为最高的源头来冥想，整个宇宙在他之内，宇宙从他开始演化。

最后，冥想自我与神的合一，冥想唯一的喜乐存在，那唯一的“我是”（I AM）。

当心意如此地专注，人们将只看见我在他之内；在我之内看见他自己，看见万事万物的自我——自我汇入自我，光，也汇入了光中。

一个瑜伽士，带着强烈的虔诚之心，定期练习冥想，他将领会这唯一又遍在的实相，很快就能超越所有知识和行动的限制。

---

① 在练习调息和冥想之前，人们应当向有经验的导师学习详细的过程，在导师的指导下练习。——原注

第九章
瑜伽神力

克里希那（继续说）

当瑜伽士持续进行冥想练习，许多神秘的力量将会来临。比如说，变大、变小或变轻的力量，想要什么就能得到什么的力量，不可抗拒的意志之力，读懂他者之心的能力，不吃不喝也能生存的能力，顺风耳、千里眼、飘浮的力量，进入别人身体的力量，等等。没有任何力量是圣人无法企及的，他们自律、平静、泰然自若地完全掌控了普拉纳能量，并专注于我。

然而，虽然这些力量非常强大，却被视为真正的瑜伽士的障碍，他们应当寻求与我的合一。

我是所有力量的主神。我是所有瑜伽的目标。我是一切知识的终点。我是宗教的真理，我是所有导师的导师。

我是住于一切心灵之中的自我。

第十章
我就是一切

乌达瓦（对克里希那说）

事实上，你是至高的梵，没有开始也没有终结。摆脱了所有的束缚。整个宇宙存在于你之内。

无明之人不知晓你，你居于一切，居于不分高低贵贱的存在者之内。智者知晓你，以你的真实存在来敬拜你。哦，神啊，请教教我，如何敬拜存于一切存在者之内的你，并抵达你的圆满境界。

你啊，这宇宙的最高源头，你作为最内在的自我隐藏于一切存在者之内。绝大多数人因受摩耶的蒙蔽，看不见你，但你看见所有的一切。

你拥有永远神奇的力量，请告诉我，哪里是你最显化之处。在天堂和地球上，在下面的世界，以及所有其他区域之内，你的神圣能量的最大显现是在何处？

克里希那

乌达瓦啊，英雄阿周那在俱卢（Kurukshetra）大战的前夜也曾问过同样的问题。[①] 我将简要地告诉你关于我的神圣显现。

我是所有存在者的自我，是他们的朋友和恩主。我是所有一切的神。我是他们的生命和死亡的最高源头。我是这一切。

我是所有运动中的事物的原动力。我是美德中的淡定和冷静。我是所有属性中最核心的那个属性。

我是所有生物的生命原则，是智慧中的普遍智性。我是所有精微事物之中的灵魂；我是难以征服的事物中的心意。

我是梵天，是吠陀智慧的导师。我是神圣音节中的OM，由A、U、M三个发音组成。

我是伟大的先知中的婆利古。我是高贵的圣人中的摩奴。我是神圣的目击者中的纳拉达。我是拥有完美灵魂的迦毗罗。

我是迪蒂（Diti）的后代中的帕拉达。我是卫星中的那一轮明月。

我是所有发光星体中的太阳，我是人类中的国王。

我是金属中的黄金。在所有控制者中，我就是阎摩，死亡之主。在所有的生命秩序中，我是证道的秩序。在所有的种姓里面，我是婆罗门。

我是圣河中的恒河；我是所有水域中的海洋。我是武器中的弓，我是弓箭手中的希瓦（Siva）。

在所有的居所之中，我是迷卢峰，在难以接近的高处，我正是喜

---

① 参见《薄伽梵歌》第十章。——原注

马拉雅山。在树木中，我是阿什瓦塔（Asvattha）[1]，在粮食中，我就是五谷杂粮。

我是祭司中的瓦希斯塔（Vasistha），我是知梵者中的布利哈斯帕提（Brihaspati）。我是将军中的战神斯坎达（Skanda），在虔敬生活中，我是显现者中的先驱大梵天。

在所有的献祭中，我是吠陀经典的研习者。在所有的宣誓中，我是不伤害任何人或事物的宣誓。我是纯洁者中的自我。

在精神规则中，我是完美的控制与集中，就是三摩地；我是胜战之中的得胜者。在智性的力量中，我是自我与非自我的分辨能力。

我是女性中的沙塔鲁帕，我是男人中的摩奴。我是圣人中的那拉亚纳，我是独身者中的萨那库马拉。

我是宗教誓言中的僧侣的誓言，我是幸福源泉中的证悟。我是秘密话语中的真心话和沉默，我是四季中的春天。

我是宝石中的蓝宝石，我是美物中的莲花的花蕾。我是草类中的神圣的吉祥草，我是祭品中的酥油。

我是强者的能力和坚韧，我是信徒的虔敬。

我是水中的甘味。在发光体中，我是辉煌的太阳。我是太阳、月亮和星星的光芒，我是震动在天宇中的天体音乐。

我正是所有存在者的起源、维系和消融。我构成了所有器官的运行。大地，太阳，以太，水，火，私我，宇宙智性；所有原质的变体；原人和原质；萨埵，罗阇，答磨——我是所有这些。我是至高的梵。我是知识和觉悟。除我之外，无物存在，无物超越于我。

---

① 阿什瓦塔树，是一棵巨大的宇宙菩提树，在《薄伽梵歌》第十五章有展开。——译者注

宇宙的原子是有限的，但我的显现是无限的；因为我永远在创造无数的世界。

哪里有能量、美好、名声繁荣、谦逊、牺牲、和谐、好运、力量、财富，或知识——哪里就是我的显现。

我映现在心灵纯洁的人之内。

因此，控制你的言语，控制好你那躁动的心意。同样也要控制普拉纳能量，以及感官。最后，通过你的自我来控制你自己。唯有如此，你才能征服全世界，并表达出我，证得圆满。对一个没有控制好自己的言语、心意和智性的桑雅士来说，它的誓言、苦行和慈善都将被泄漏，就像水滴，会从未经烘焙的罐子里面漏出来一样。

因此，坚定地忠于我，控制好言语、心意和普拉纳能量。乌达瓦啊，圆满的生命属于那些为我付出真爱的人。

第十一章
种姓与人类秩序

乌达瓦

哦，克里希那，你已告诉我对神的虔诚；请再教导我，一个人在履行日常的生活责任时，如何体现虔敬。另外，教导我不同种族的职责，不同的生活秩序吧。

克里希那

在最初的黄金时代，人类只有唯一的种姓，那就是真我（Hamsa）。每一个人平等地被赋予知识，所有人天生都是真理的知晓者，属于同一个阶层；因此，这一年代被称为克里塔（Krita），意思为“收获”。

在远古时代，OM就是吠陀；在苦行、纯洁、慈善和真理方面，我就是责任。那时候的人是纯洁的，被赋予神圣的沉思。对他们来说，持续地冥想我——这纯洁本身，绝对者——就是一种无上的享受。

随之而来的是白银时代，出现了种姓的分化：有些人追求知识，有些人追求责任。

从我的宇宙妙相的口中诞生了婆罗门；我的手臂中诞生了刹帝利；而我的腿和脚，分别产生了吠舍和首陀罗。这是根据他们不同的秉性和各自的职责来划分的。

家庭生活从我的大腿上跳起来，学生生活从我的心里出来，隐退生活从我的胸口出来，而桑雅士的漫游生活，则来自我的脑袋。

自律，冥想，纯洁，知足，宽容，直率，热情，真诚，忠于我——这些是婆罗门的伟大德性。

强大，耐心，勇猛，刚毅，慷慨，进取，稳健，卓越的领导能力，忠于婆罗门——这些品质都属于刹帝利之不屈不挠的精神。

信仰，慈善，服务，渴望财富的积聚——这些是吠舍的美德。

服务，谦逊，顺从，渴望循着圣人的脚步——这些是首陀罗的美德。

不洁，谎言，偷窃，无神的思想，无谓的争论，无节制，愤怒，贪婪——这些不受欢迎的特点构成了第五个阶层，它们不在四大种姓范畴之内。

不伤害众生，真爱，仁慈，憎恶偷窃，克制愤怒与贪婪，尽力为众生服务——这些是所有种姓的普遍责任。

有一类人叫作德婆伽（Dvija），或是再生者。当此人的各方面条件足够，准备接受自己的重生——第二次降生——就在一种庄严的圣线授予仪式期间完成。[①] 于是他开始了自己的学生生涯，与优秀的导师紧密联系。他必须践习自制，必须研习吠陀。他应该遵守严格的禁欲，不可以违背任何的戒律。如果他不知觉地变得不纯净，就应当沐浴，并在调息之后重复嘎亚提（Gayatri）曼陀罗。每一个早晨和晚上，在完成清洁之后，他应当默念嘎亚提曼陀罗，集中心意冥想它的含义。他必须学会将心意敬献给所有存在者中的神圣自我，并看见神寓居在一切之内。

他应当将自己的古鲁视为神。事实上，古鲁就是神性的显化。据说，学生必须以各种方式服务他，并让他满意欣喜。

沐浴，祈祷，冥想，需要定期习练——早晨、中午和晚上；正直；朝圣；在冥想所有存在者为自我时，重复神圣的曼陀罗；控制心意、言语和身体；这是适用于所有生命秩序的普遍律则。

在学生期结束，人们将要进入家居生活，或者隐士生活，或者僧侣生活。

想要进入家居生活的人，应当与一位纯洁的女孩结婚，她必须比他年轻。他必须永远记得，最理想的善不是享乐，而是今生获得知识和来生获得永远的幸福。正如旅客们随机地在路上相遇，一个男人碰到了他的妻子、孩子、亲戚和朋友：他生活在世界上，却不属于这个世界。

---

① 印度的洗礼或启动仪式，期间会教导嘎亚提（Gayatri）曼陀罗——对最高梵的冥想。——原注

这里 dvija 一词指的是再生族成员，即婆罗门、刹帝利与吠舍，他们经过标志着二次出生的灵性启迪，通过接受净化仪式，念颂嘎亚提而获得第二次出生。如果具备资格的话，婆罗门可以在十二岁就经过这个净化仪式，而刹帝利与吠舍可以晚几年。为了逐渐觉悟灵性的知识，他们应该居住在古鲁的家里。——译者注

在家居生活之后，他就应该进入林栖期，或是隐居的生活，为弃绝的生活做最后的准备。对于一个打算弃世的桑雅士来说，神会为他准备许多的障碍，并期望他能够尽力克服它们并抵达梵境，此后，他们便彻底无名无姓，在大地上漂泊，如同虚空。

他宣讲至高的真理，传递神的话语，谨守沉默的誓言。沉默是言语的戒律。

当一个人从事行动，而没有自私之念，这样就能够保持对身体的完美控制，尾随而来的就是，他将臻获精神上的平静。

已经掌握调息法的人，就能够有自控的能力。乌达瓦，尚未学会自控之人不是一个合格的桑雅士，即使他身上披着僧衣。真正的桑雅士是弃绝者，他的感官处于完美的控制范围。他的喜乐总是源自神圣的自我。他是平静的、安宁的，并用平等的目光看待一切事物。

他的心意因为对我的爱而变得纯净，圣人应当冥想神圣的自我与我的合一。在求知的过程中，既要思考自我的自由，也要沉思自我被束缚的原因。心意和感官的不稳定就是束缚的源起；稳定地控制它们，就会导向自由。因此，圣人应当心无旁骛地沉思我，一心一意地爱我，只有这样，他才能获得自制力。当他放弃享乐的欲望，就会在自我中获得无限的喜乐。

感官世界没有绝对的实在性，因为它会消亡。所以，圣人应当放弃短暂的享乐欲望，完全独立无执地生活在世界上。

只有自我是真实的。感官世界叠置在他的上面。看到唯一的实相，即神圣的自我，让自己从对感官世界的思考中解放出来。那些知晓唯一实相的人，已然超越了客观的世界，拥有真正的知识。他纯粹为了爱我而爱我，甚至不在乎自身的救赎。这样自由的灵魂，已经超越了所有行为准则和生活秩序。他虽然智慧过人，却充满童真。他虽然敏锐好学，精通圣典，却像一个无知者一样四处游荡。他不会对任何人造成惊慌，而他也不惧怕任何的事物。如果受到侮辱，他并不回敬，而是保持冷静。他对任何人都不怀敌意。

最高的自我居于所有的存在者心中。唯一的存在被视为多个存在，就像是月亮在不同的容器中映射出多个月亮一样。

对智者而言，身体只是工具，他借助身体，冥想真理并知晓唯一的存在，从而获得觉悟，臻入自由。领悟我的人，将不再看到许多存在的幻觉。他在众多中，能够看见那个唯一。

对世俗多元世界的依恋，只是将会留下梦醒之际的悲痛。保持理性，自我克制，以谦卑的心接近真理的那些知晓者，寻觅那条通向我的真理之路。事实上，知梵者与我是一体的。谨记，要细心并虔诚地服务你的导师。

宗教不是僧侣的外衣，也不是外在的组织形式。激情的把控，平衡的心灵，分辨力和彻底的弃绝精神——这些都有助于你成为真理的知晓者。

为老师服务是学生应尽的责任；保护一切生物，为神献祭——这些都是家居者的职守；林栖者的责任，包括练习苦行，学习分辨真实与虚幻的智慧；而桑雅士的责任，就是自我控制和不伤害任何的事物。

除了人类繁衍的生殖目的外，其他时候都应践习克制，履行日常生活的责任和义务，以纯洁、欢喜和仁慈之心对待动物，这也是作为家居者的责任。

所有的责任，都是为了将它献祭给我。那些通过履行职责而持续坚定地崇拜我的人，知晓我是最高的目标——他会因此获得知识，获得觉悟，并将很快抵达我的存在。

所有的责任，如果伴随着对我的奉献，都会导向至善和永恒的自由。

第十二章
我是真理，我也是道路

克里希那（继续说）

如果一个人不仅研习过经典，还在自身中悟出了经典所记载的经验，知晓了自我的真理，视宇宙为幻觉，他就会把自己毕生的智慧，以及通往智慧的道路，一并奉献给我。

因为我是真理，是智者的目标，我也是通向这一目标的道路。我是他最丰裕的财富。我也是他所向往的天堂。没有比我更亲近他的了。

乌达瓦啊，富有知识和觉性的人，已然抵达了我的至高居所。我就是他的眼睛，在他所见的一切之内：他就是这样知晓我的。因为他知晓我，所以也就亲近我。

没有什么比知识更加纯粹的了。既不是苦行练习，也不是去圣地朝拜，也不是重复念诵曼陀罗、做做慈善，或者其他的什么灵性修炼，没有什么能够为知识所臻达的完美再锦上添花了。知识是最高的。

因此，乌达瓦啊，让你的知识成为你的自我，并带着知识和觉性，深情地崇拜我。

我是献祭，我是祭品，也是献祭的神。智者借着知识和觉性，将自己奉献给我，且抵达在我那里的圆满境界。

你是这自我、无限、永恒。生死只属于这些身体的、粗糙的、精微的和因果的鞘层，而实际上它们都不存在。你超越所有这些；因此，乌达瓦啊，你应当知晓你自己。

乌达瓦

敬爱的导师，请教教我，如何获得这一纯粹又古老的知识，就是你所说的冷静、觉悟。请再教我伟大人物内心所向往的爱。

当一个人遭遇磨难，在世界的迷宫般道路上备受煎熬时，我只看见你的双足在为他庇护，你的莲花双足洒下了它永生的祝福。

克里希那

乌达瓦，那些在多重宇宙中看见唯一者的人，就是智慧的，这是最高的觉悟。

唯一绝对的存在，在它的表面，浮现着无数现象世界的形相，就像大海表面上的层层泡沫，它们逗留了一会儿，随后就消失了。只留下唯一绝对的存在，这永恒的实相。

圣典，直接经验，权威人物，逻辑推论——这是可靠知识的四大验证。通过所有这些验证，智者领会到了唯一绝对的实相之存在，不再执着于短暂不居的事物。这个无常易逝的世界在他眼里也就成了梦幻和泡影。

这个对象化的世界，它的一切快乐和幸福都将以苦难告终。智者既不在乎此世的快乐，也不追求将来的快乐，他们已经意识到了快乐主义的本质之虚幻。

乌达瓦，现在我将告诉你关于爱的哲学。

深深地啜饮我的这些话语吧，那就是不朽的甘露。要学习我各个神圣化身的人生与教导，他们都是神的诸多子嗣。你要学会在对我的崇敬中寻得快乐之源。唱响关于我的赞歌。

忠诚地为我服务，以你整个灵魂崇拜我。服务于我的信徒，也要同样竭尽全力，高尚地对待。总之，学会在所有的生命中，认出我的存在来。

将你的一切工作都视为对我的服务。让你说的每句话都来赞美我的神性。让你的心从一切私欲中解放出来，献给我吧。

放弃所有的享乐；祭祀，献礼，唱赞我的名字，发大心愿，下大决心，实践苦行，证悟真理。只以我为目的，去做所有的事情，无不皆然。

当你借助所有的行动而臣服于我，并时时刻刻默念着我，你的心中将会升起对我的爱。当你爱我之时，你就不再会有任何的匮乏。

因为，当心灵完全臣服于我，即内在神圣的自我——心灵就变得纯粹和平静，他会获得真理、知识、冷静和神力。而缺乏这些品质的人，他们的心意就是追逐外物的，在感官物质上寻觅快乐之道。

真理是爱。知识是看见自我与神的合一。冷静是不执着于感官与物质世界，至于神力呢，那就是对自然、外在和内在世界的掌控力。

灵性生活的首要条件是：不伤害，真挚，诚实，不执，谦虚，弃绝财富，对来世的信仰，自制，默观，耐心，谅解，无畏，身心洁净，唱诵神的名字，苦行，献祭，自足，慷慨，将自我臣服于我，朝觐圣地，为了别人的利益而工作，服务于导师。

这些在瑜伽中，都叫作持戒（Yama）和内制（Niyama）的练习。我的朋友，如果你能够正确地遵循它们，这将带给你伟大的灵性进展。

平静是一股稳定的心灵之流，朝着神的方向流去。

自制是对感官的控制。

耐心是乐观地承受生命的负荷。

稳健是克服味觉和性欲的冲动。

最高的慈善是避免暴力。

苦行是对欲望的弃绝。

勇气是对自我的征服。

亲证真理，即看见自我与神的合一。

真理是经由圣人经验到的，真实而令人愉悦的话语。

纯洁，是工作而不执着。

弃绝，可以征服整个世界。

美德，是人类渴望已久的宝藏。

我，至高神，就是献祭本身。

最贵重的礼物，是知识的厚礼。

最强大的力量是对普拉纳能量的控制。

那些冥想我神力的人是幸运的。

最高的利益是忠诚于我。

智慧是消除错误的观念，即消除世界的多样性，并领会灵魂的统一性。

谦虚是对恶行的厌恶。

卓越的品格源于对世俗价值的漠视。

幸福是对苦乐的超越。

痛苦是追求感官的享乐。

能够区分束缚与自由的人是智者。

将自己认同为身体的人是无知者。

正确的道路，即通往我的路。

错误的道路，即引起心意动荡不安的道路。

天堂是萨埵主宰下的心灵境界。

答磨占主导，便是地狱世界。

已与我体一的导师，他们是人类真正的朋友。

美德丰裕者才是真正的富人。

不知足者是真正的穷人。

总是不能控制感官的人是可鄙视的。

不依附于感官对象之人，就是虔敬的人。

既征服恶，又超越善的人，他是神圣的。

第十三章
关于爱、智慧和行动的瑜伽

克里希那（继续说道）

为了人类的至善，我赐给他们爱、智慧和行动的瑜伽。只有通过这些瑜伽，才能获得真正的自由。

在这些瑜伽中，智慧瑜伽是为那些已经无欲无求的人准备的；因为他们知道每一种欲望都充满了邪恶，他们已经放弃了行动。那些仍然抱有欲望的人，仍依附于工作，故必须遵循行动瑜伽。那些以我和我的话语为乐的人是有福者，他们幸运地遵循了爱的瑜伽。

一个人必须工作，直到他的内心变得平静，不再有世界的欲望。否则，他不能停止工作，直至他爱上我，以我的话语为其喜乐之源。

为了责任而履行责任，并将其作为对我的服务而履行，不夹杂任何自私的念头，人们将从工作之或善或恶、或好或坏的结果导向中解放出来。行动瑜伽能让心意远离恶的倾向，并净化心灵。在纯洁的心灵中，人们会升起智慧、升起对我的挚爱。

人类的出生是受祝福的；即使天堂居民也渴望这样的一种降生；

因为，真正的智慧和纯洁的爱，只有在人类的世界中才能收获。

不必追求地球上或天堂的生命。因为对生命的渴求本身就是一种虚妄之念想。生命是短暂的，是要在这一无明的幻觉中苏醒过来的，在死亡宣告来临之前，尽力去获得知识和自由。凡人生命之目的，就是通过征服生与死，以抵达不朽之彼岸。

当一只鸟儿看到自己筑巢的大树被无情的手砍倒，它就会放弃所有的依恋，飞离它的巢穴，到别处去寻觅幸福。同样地，随着白天与黑夜的交替循环，生命延续之树也被时间斩断，智者知道了这一点，他就会放弃对生命的渴望，去觉悟至上之神。于是乎，他摆脱了业力之束缚，找到了最后的平静。

降生为人确实无比珍贵。人类的身体就像一艘船，它最重要的用途，就是载着我们穿越生死海，抵达不朽之彼岸。古鲁是老练的舵手，神的恩赐就是吉祥的顺风。如果一个人已经万事俱备，却没有利用好它们去穿越生死之海，事实上，他的灵性已经被泯灭了。

当一个瑜伽士看见人类生活中的一切邪恶，他就将自己从世界的依恋和欲望中解脱出来，他应当完全控制好自己的感官，冥想阿特曼，冥想神圣的自我时能够保持心意的稳定。如果他在冥想练习时，心意飘荡不定，他就需要练习专注，耐心地控制好自己的奇思遐想。他决不能忽视心意的精进过程，知道冒出来的种种念头。控制好呼吸和感官，保证菩提智性的纯粹，他就能够克服心意的散乱。

据说，对心意的控制是极为关键的瑜伽过程；它就像是控制一匹脱缰的野马，必须让它遵循驭者的指令。

获得分辨的智慧，看清世界的无常与短暂。思考万物如何受制于出生、成长、衰老和死亡，一切皆为转瞬即逝之物。这样思考过后，将虚空还给虚空，你将获得心灵的宁静。那些心意平静之人，以及不依赖世俗之人，他就能冥想古鲁教导的阿特曼，从而彻底摆脱私我意识，再不会发生错误认同。

神是一切灵魂中的灵魂，与神的结合，就是我们要追求的目的地。冥想他，通过瑜伽的路径，瑜伽教导自我的控制和心意的专注，或者通过哲学与分辨的方法，或者通过敬拜和冥想之道。除了这些瑜伽之外，别无他途。

如果瑜伽士被迷惑，在生活中犯了错误，他就应该通过祈祷和冥想，烧掉自己的罪恶和心意的杂染。祈祷和冥想的瑜伽，就是唯一的一条赎罪之路。

如果一个人获得了信心，以专注地冥想我为乐，可是对工作漠不关心，尽管知道欲望的无意义，仍然执着于它们——那就让他继续以全心全意的虔诚来崇拜我，并以此为乐吧。虽然他可能一时之间无法彻底放弃对欲望的满足，那就让他时时思考这种满足的空虚，并认清它充满邪恶的后果。

那些坚定又虔诚地崇拜我之人，将会迅速获得心灵的纯洁，并发现我就居住在他们之内。当他意识到我就是一切的灵魂时，所有的心结便解开了，所有的怀疑都停止了，从此，他就摆脱了业力的捆绑。对于那些爱我的，且与我心心相印的瑜伽士来说，一切自足，不再需要获得其他任何的东西。

任何通过工作、苦行、知识、不执、施舍，或通过戒律等其他方式获得的东西，我的信徒们通过爱我和忠于我就能轻易获得。天堂式的快乐、自由、我的住所——只要他们需要，一切都唾手可得。

但是，唯有伟大的圣人们才具有如此的品质，他们泰然自若，忠诚于我，只因爱而爱，没有私心，即使我赠予他们以救赎，他们也不会对此有所渴望。

无所欲求，据说就是最高的善。所以，清心寡欲者有福气了。

善恶之业力无法捆绑这些伟大的灵魂，他们平静，坚定，对我忠贞不二，超越思辨、超越智性的层次，而亲证到自我的知识。

那些谨遵我的教导之人，抵达了我的存在——居住于我的喜乐境界，与梵融为一体。

第十四章
自我控制

克里希那（继续说）

那些不谨循我教导的奉爱瑜伽、智慧瑜伽或行动瑜伽这些道路的人们，却一心追求世俗的道路，通过躁动不安的感官来满足他们自私的欲望——的确，那些人就踏在生死轮回的道路上。

一个人必须保证心灵上的纯洁，才能进入灵性的生活，开始瑜伽的练习。为了净化心灵，他必须保持洁净，练习苦行，对一切众生有慈悲心，并履行相应的人生职责。当工作成为对我的服务，工作就会变得神圣起来，并具有了净化的功能。

从欲望的对象中解放出来。克制世俗的欲望，这样你就能够摆脱感官的束缚。这是正义的行为，能使人达到至善，并从悲哀、愚痴与恐惧中解脱出来。

有形的物体被人们赋予世俗的价值，从而变得富有魅力；而魅力带来了人们的追逐与渴望：追逐又导致了人与人之间的竞争、论辩。这些都会激起暴怒，导致妄想。而妄想一旦起来，就完全击败了人们脆弱的是非意识。

哦，高尚的灵魂啊，当一个人丧失了是非，他将生活在虚无之中。因为他陷身黑夜，错过了生活的要义。他热衷于世俗之物，既不了解自己，也不了解至高的灵魂，他就像一个无主宰的傀儡，根本不知道自己在做什么，灵魂无主。

确实，整个宇宙，来自于我，而我就居住在一切的心灵之中。然而，一个受蒙蔽的灵魂，往往沉溺于世俗的世界，只会寻觅感官的满足，对我全然无知。无明的夜色深沉，蒙蔽了他们的眼睛。

第十五章
灵魂的不朽

乌达瓦（对克里希那说）

圣人们提出的关于神的学说五花八门。请告诉我，为什么真理要以如此多的方式来表达。

克里希那

真理有许多面向。无限的真理就有无限多的表达。即使圣人用不同的方式来言说，他们表达的其实也只是同一个真理。

如果一个人说："只有我说的是真理；其他都是假的"，那么他就是无知者。正是因为无知者的这种态度，才会有对神的怀疑和误解，才会在人群中引起争议。然而，当他通过领悟真理之心而获得自我控制和平静时，所有的怀疑就会烟消云散。于是，争论也就平息了。

关于阿特曼是否存在的争论是毫无根据的。疑虑是无明，对于那些不愿面对神，以及从不冥想我（阿特曼）的人来说，疑虑永远不会消失。

阿特曼是居住在人们内心的自我，是人心之内的实在者。若是没有意识到他内在的这个自我，他就会将自己等同为心意和感官，并将经历无尽的生死轮回，在各个天球之间恒久流浪迁徙。

在死亡的那一刻，世间所有生命的经历都会在脑海中浮现——因为头脑里储存着过去生无数行为的所有印记——濒死之人先是沉浸于这些经验里面，随后，就会彻底失去记忆。接下来，他的脑海里又会升腾起未来生活的幻相，这幻相是由他过去行为的印记所规定的；他不再回忆世上的生活。这种对过去身份的完全遗忘，就是所谓的死亡。

随后，他对另一种新状态的完全接受，以及对新身体的认同，即认为是他的出生。他不再记得过往的生活，而且，虽然他曾经生活过，却认为自己是刚刚出生在世的新生命。

正如一盏灯的火焰，或者一条河流的流水，人类的身体，也会随着时间不知觉地流逝，在持续地运动着。所以，从某种意义上来说，那只是一个不断地出生，又不断地死去的过程。那一盏灯的火焰，此刻和刚才的一样吗？河中的水流，始终是同一道流水吗？如果把人和身体一旦等同起来，那么，今日的你还会是昨天的你吗？

事实上，对真正的人来说，既没有出生，也没有死亡；他是不朽的。所有的其他都是一种增入的妄想。

受孕阶段，形成胚胎，再出生；婴儿，童子，青年，中年，暮年，以及死亡——这些都是身体的不同状态，却不会真正影响到人。但是，人们若依附于三德，就会无知地将自我等同为理想的或不理想的某种状态，而这一状态事实上只属于肉身，与自我无关。唯有少数的智者，已经获得了真正的知识，才会放弃了这一认同，寻得了永恒的生命。

阿特曼是永恒的目击者，他不同于身体，他观察身体，就像一位观察者从植物的身上观察到的不同现象：他看到了种子经历了发芽，开花，成熟，再到凋落。

无知者无法体会到自我不同于原质，他被原质三德的依附作用迷惑了，故而从生走到死，又从死返回到生。

他的下一次出生，又是由他现世的行为所决定——这些行为构成了他的气质。如果他的气质由萨埵占主导的话，那他会得到更高的出生，譬如，出生为神或圣人；如果是罗阇占主导的话，他将返回地球，成为阿修罗或者人类；如果是答磨占主导，那他将投胎到更低贱生命的子宫里去。

三德属于心意识。尽管阿特曼本身并没有出生和死亡，但他似乎受制于三德，看起来好像也有了生死；譬如树木倒映在溪流中，像是随着溪流一同流淌一样，或者，像是身体在旋转时，地面似乎也在旋转一样。

事实上，生死和所有的生命经验，对阿特曼来说，就像是一场漫长的幻梦。苦难虽然属于梦的世界，但是就体验者来说，无疑还是痛苦的经验，而且，这种痛苦只有等到觉醒的时刻，它才会真的终止。如果一个人仍未觉醒，仍是执着于短暂的、感官的对象物，那么，这一生命的梦境是不会轻易结束的。

因此，乌达瓦啊，控制好秉性外逐的感官。约束自己。学会对阿特曼的冥想。当你知晓自己与神为一体时，梦境立即破灭。

如果你真的渴望至高的善，你就必须保持沉着与镇定。即使是身处悲惨的极端状况，也要保持你的一份冷静。即使遭遇别人的嘲笑，或者诽谤，也不要让你的平静受到干扰。切记，不要以恨报恨，也不要以牙还牙。去追求至善，努力摆脱邪恶和无明吧。

乌达瓦

哦，宇宙的灵魂啊，当一个人受到嘲笑、侮辱或不公正的评论时，保持内在的平静和镇定确实非常困难。请教导我，让我有能力追随你示现的道路。

第十六章
托钵僧的浪游之歌

克里希那（继续说）

当人们听到那些刺耳的恶言恶语，确实很难保持内心的平静。因为它是如此地令人煎熬，就算是毒箭射进人体最重要的部位，也不会造成如此剧烈的疼痛。

现在，我将告诉你一个托钵僧的故事，乌达瓦啊，他曾经被恶人那般虐待，却无比耐心地忍受了所有的侮辱：

从前，在阿瓦提（Avanti）住着一位非常富有的婆罗门，但他非常贪婪而且吝啬。他从来不对任何客人、朋友或亲戚说一句亲切而慈悲的话语。虽然他的妻子、孩子和仆人们都很同情他，为他而难过，但是，也非常看不起他。他总是把金钱储存起来，不用于帮助任何的朋友或亲戚，也从来不给自己以一丝一毫的慰藉。

突然有一日，他的积蓄全部消失不见了。他变得身无分文。当他反思自己的处境时，他不禁开始痛悔起来，因悔恨而哽咽不已。如今，他终于意识到世间财富的种种虚空和幻灭。

于是，他对自己说道："啊，我真是不幸啊。我白白浪费了自己的一生，我曾疯狂地追求财富，而这些财富几乎不能带来任何的人世幸福。同时，贪婪并不会因为财富的积累而终止；无数富人们都生活在恐惧和焦虑之中，唯恐失去他们这样累积起来的财富。"

"偷窃，残忍，谎言，虚伪，欲望，愤怒，傲慢，不逊，争吵，憎恨，怀疑，竞争，以及三大令人迷幻而沉沦的嗜好——性爱，美酒与赌博——这十五条恶行被认为是执着于财富的结果。

"甚至，亲戚与朋友之间可能会为了一笔微不足道的钱财而反目成仇。

"切记，既然生而为人，便是已经打开了一扇通往梵和自由境界的大门——这样的诞生就是连诸神都会垂涎三尺的——那些执着于欲望和金钱，无视无限者召唤的人，不但无法实现至高的境界，反而会遭遇必然的恶果。

"由于无知而被浪费在找寻徒劳无益的财富上的精力和能量，如果能够被正确引导，它们将带你通向一扇自由的大门。

"为什么甚至连所谓的智者也会时常因贪婪而受苦呢？毫无疑问，这个世界肯定被某种神秘的力量欺骗了，以致笼罩在某种幻力之下！

"诃利之神，他是所有神圣品质的化身，他必定是促成我的成长，因其使我厌倦了这个世界——他就像是一只小船，载着那些苦苦挣扎的灵魂，帮助他们穿越生死的海洋。

"因此，在我余下的岁月里，我将深度练习苦行，坚定地把我的一切精力都投入灵性的修炼当中——那些有益于臻达至善之境的修行，将引领我在远离世界而独自的冥想中发现最高的喜乐。

"愿这统辖三界的神祝福我。"

就这样，在心里默默下了决定之后，这位阿瓦提的婆罗门终于成功地解开了自己的心结，成为一位内心平静而又安详的托钵僧人。

在他的心意、感官和力量都得以掌控之后，他就独自游荡在大地之上，有时为了获得食物，他还得进入人类的城镇或乡村，行乞四方。而且没有一个人认识他了。

一些邪恶的人看见了这样一个上了年纪、衣衫褴褛的僧人，就用各种方式侮辱他，伤害他的身体。

但是，为了保持自己内心的平衡，他默默忍受着身体上和精神上的所有伤痛，他不顾一切地挑战阻碍，坚定地沿着至善的道路前进。在长期的委屈和经受的折磨中，他开始沉吟起来，对自己唱着这样一首歌：

“无物能引起我的快乐或悲伤：不是神灵，不是阿特曼，不是行星，不是行为，也不是流逝无常的时间。

“伟大的圣典启示我们，心意识才是导致人类苦难的唯一原因。生与死的车轮，都是由人类的心意识驱动起来的。

“心意识创造了三德的变化，从而产生了以白、黑、红为特征的各种行为。我们的下一世也将由这些行为的综合性质来决定其去向。

“自我，沉浸在自己的荣耀之中，尽管与心意识联系紧密，却从不受三德变化一丝一毫的影响。自我是神，是统治者；是所有思想的旁观者。他就像一面镜子，经验的世界层层叠叠映现在他的上面，但他毫无所动。而人们由于将自己认同为心意及心意的变化，试图满足自己的欲望，于是，他立即受到了束缚。

“慈善，尽职，遵守道德，研习宗教，尊重习俗，立下誓言，修得美德——所有这些都有一个共同的目标，即自我控制。最高的瑜伽，就是对心意的操控。

“对于一个心意处于良好控制，且内心平静的人来说，慈善和其他戒律有什么用呢？而对于一个心意迟钝，又不试图控制它的人来说，慈善和其他仪式又有什么用？

“所有的感官之神都受心意的支配，但是心意却不被任何力量所牵制。[①] 甚至连自控力极强的瑜伽士也一致认为，心意是一个最为可怕的神，比最强大者还要强大。所以，能降伏心意者，实为万神之神。

“不受控的心意确实是无法战胜的敌人，它的攻击防不胜防，它的武器最能刺穿我们的要害。一些愚蠢与无知的人，他们不为征服这一敌人而发奋，却徒然地与外在的人和事做斗争，使得人们对他的态度一分为三：或友好，或敌对，或冷漠。

“这些盲目而又愚蠢的人们，认为身体（其实只是心意的造物）是‘我’和‘我的’，还无知地认为，‘我是某某人，是这样的，是那样的；而别人则不同，是那样的，是这样的’如是云云，并因此而迷失在无知而忧郁的无尽荒野之中。

“即使你认为另一个人能够给你带来幸福或痛苦，你也确实无喜无悲，因为你是阿特曼，你是这永恒不变的灵魂；你的悲喜之感觉，来源于错将自我认同为身体，因为后者变化无常之故。自我是存在于一切之内的真正自我。如果你的牙齿不小心咬到了舌头，你该怪谁给你造成这种痛苦呢？

“如果你曾理解苦难的原因，是起于感官诸神，那么请再深入反

① 根据印度神话传说，每种感觉和感官都有一位主导的神。此处的“神”指的是这些主导感官之神，以及感觉和感官本身。——原注

思之，你就会发现，你自己并不与任何的痛苦相关，因为你本是阿特曼，是不变的灵魂。一切变化只与感官有关，只有感官才受到心意变化的影响。如果你身体的四肢相互撞击，你应该对谁生气呢？[①]

“如果阿特曼是悲喜的起因，那么你更不该责备任何人，因为阿特曼，在那个情形之下，一定是在表达他的内在本性。然而，阿特曼是存在、知识和喜乐，没有任何其他的内在本质或属性。先前出现的情形，其实是一种幻觉，是虚幻不实在的。因此，既没有快乐也没有痛苦，那么，你应该对谁生气呢？

“如果行星（planets）是悲喜的根源，那么没有出生的阿特曼与它们有什么关系呢？行星可以影响出生的事物，也可以相互作用，但阿特曼既不同于行星，也不同于出生的事物。那么，你应该对谁生气？

“如果说是行为导致了悲喜，它们又怎么会影响到阿特曼呢？行为影响的只是行动者。阿特曼并不是行动者，相反，他是永恒的自我发光者。因为，人类假定的一切悲喜原因，一切行为，永远不能影响阿特曼。那么，你又该对谁生气呢？

“那么，有可能是时间的进程而引起一切的悲喜吗？即使如此，阿特曼依然不受其影响，因为，所谓的时间，它只是存在于人类的心意之中。正如火焰本身必然不受热度的影响，冰块本身也必然不受寒冷的影响。那么，你该对谁生气呢？

---

① 假设手臂拍打嘴巴，或者嘴巴咬了手：这一动作只与它们相对应的神——阿耆尼（Agni）和因陀罗（Indra）有关。阿特曼是触及不到的。假设一个人的手打了另一个人的嘴巴：这是同样的情形，因为不同身体中对应的相同器官的主神是一样的（大体上来自斯里达拉尊者的解说）。——原注

“的确，在阿特曼之内，不存在任何相对的关联，无喜亦无悲，而且并不存在任何的对立。超越三德之外的阿特曼，永远不会以任何方式受到任何影响。正是浮现在表面上的自我——无数的小我意识，召唤出相对的存在。发光的灵魂是无所畏惧的，因为他不受思想和物质变化的影响。

“因此，我必须践行对至高自我的虔诚，至高的自我是自古至今、一切伟大圣贤的庇护所。通过敬拜挚爱之神的莲花双足，我将穿越被无明之云层层笼罩的无边荒野。”

这就是圣人彼时在浪游途中所吟唱的歌，他虽然被恶人诋毁和侮辱，却始终保持镇静，不偏离真理。

就本质而言，生活中的一切悲喜都没有外在的原因，只有受蒙蔽的心才导致了悲痛或幸福等不同情绪。朋友、敌人和陌生人，甚至整个存在界——所有这一切都是无明心意之造物。

因此，我挚爱的人啊，请你用自己的智慧专注于我，在每一个方面都控制好自己，这就是瑜伽的精髓，是本质的联结之道。

第十七章 智慧瑜伽

克里希那（继续说）

现在，我将告诉你一种揭示给古代圣贤的知识，获得这种知识之后，你将视真理为绝对的存在，不再接受任何外在的影响而发生动摇；之前，因为无明的遮蔽，只看到经过相对的、有限的价值所修饰之后的真理，现在，你将从一切的无明中彻底解脱出来。

最初，在主体和客体没有任何划分之前，只有唯一的存在，即梵。那个时期叫作克里塔亚时代（Krita Yuga），或者叫作黄金时代，那时候的人们智慧充盈，具备强大的分辨能力，能够领会这唯一的存在。

那唯一的存在，绝对的实相，梵，他不可思议，超越了一切的思想和言语，他一分为二，分为摩耶（创造性的能量），以及能量的拥有者。前者被称为原质，既是因也是果；后者则被称为原人，其本质为永恒的自我发光者。

我是原人。我发愿，于是从我的原质中生出三种德性——萨埵、罗阇和答磨。这些德性本身就包含着创造的能量，于是产生了摩诃（Mahat，也译为“大”），即宇宙智性（universal intelligence）。宇宙智性经历了一个变化的过程，产生了我慢意识（Ahaṃkāra）。而私我意识又生成了多元样的错觉。

我慢意识，是通过物质反映出来的纯粹意识，它同样有着三种特质——萨埵、罗阇和答磨，它们分别产生了心意、感官，以及精微的物质元素之演变。

实体在以物质的形式出现之前，原本是以精微的形式存在的，它们共同作用，形成了一个椭圆形的结构，漂浮在大水的上面。我就居住在这个椭圆形的结构里面。从我的存在中心长出了一朵莲花，它是整个宇宙的缩影，然后，自生者梵天从中显现出他自己。

梵天接受了我的恩赐，被赋予了罗阇的创造性能量，并借着苦行的力量，他创造了三个天球——部（Bhū，大地），部瓦（Bhuva，天空），斯瓦（Swa，天界——在太阳和北极星之间的世界），以及它们各自的律则。

“斯瓦”成了众神的居所，“部瓦”是精灵们的居所，“部”是凡人的居所。“斯瓦”之上的天球成了悉达（Siddhas，半神人）[①]的住所。梵天还将大地暗处的那些区域——即“部”以下的区域，皆变成了阿修罗与龙族（Nagas）的居所。

一切行为皆具有三德的特质，故而依照三德的特征，人们以其行为，而分别诞生在不同的星球。善良、纯洁和道德的行为，将带他们去往更高的球体，完成更高贵的出生。但是，那些虔诚地崇拜我的

---

① Siddha，原意为成就、神通，这里的悉达（Siddhas），泛指所有在智慧上获得精进的半人半神。——译者注

人，将会穿越所有的球体，直接抵达我的居所。

通过我，借由因我而来的时间和律则，世间所有的存在者，带着各自不同的业力，沉浮在三德之巨流当中。无论何种事物，或微小或庞大，或精细或粗重——都能追溯到原人和原质。

事物由他产生，由他维系，最后又消融于他。只有他是唯一的实体。一切变化都只是一种表象，因而也必定是短暂与虚幻的存在者。

原质是这显现宇宙的质料因，原人是宇宙的基础因，时间是宇宙的变幻因。其实，三者皆是我，——我是梵。

正是为了灵魂之善，万千变幻都通过一个不间断的因果顺序接续起来了，直到最后一步，宇宙在神的意志作用之下，停止了它的存在。

然后，只有我，弥漫开来，遍满了整个宇宙，宇宙原本是万千存在者的生死之场，现在又回到了彻底消融的状态。它回归于我——阿特曼。是的，唯有阿特曼才是绝对的实在。

正如太阳冉冉升起，它驱散了夜的深黑，阿特曼的知识，也将驱赶所有的虚妄。

第十八章
三德的作用

克里希那（继续说）

卓越的人啊，我将告诉你，三德之一单纯存在时的作用和影响。请专心听我说。

镇定，自控，宽容，分辨力，尽职，真诚，同情，知足，慷慨，冷静，信仰和敬畏，慈善，对不良的行为感到羞耻等美德，此外，还有陶醉于对神圣自我的沉思——这些都属于萨埵的品质。

贪求，欲望，冲突，骄傲，傲慢无礼，为自私的目的祈祷，妄自尊大，追求感官的享乐，为满足虚荣心而挑起争端，爱慕虚荣，嘲笑别人，玩弄权力，一力进取——这些都是罗阇的特征。

愤怒，贪婪，撒谎，残忍，乞怜，愚孝，怠惰，争吵，悲伤，迷恋，沮丧，痛苦，昏沉，期望，恐惧，迟钝——这些则是答磨的特点。

现在请认真听，混合了三德的影响。

“我”与“我的”的概念来自三德的共同作用。借由心意、感官和普拉纳的能量展开与客观世界的交往，皆是因为三德的共同作用使然。

当一个人献身于责任的履行、财富的获得、合理的欲望之满足，也是由于三德的相互作用，于是他拥有信仰，实现物质满足，献身家庭，虔诚地履行职责，并依附于这个世界。

如果一个人能够最大程度地保持镇静和自控力，他就是富有萨埵品质的人。如果一个人充满贪婪和自私的欲望，他则深受罗阇的影响。而一个受答磨德性主导的人，则易受愤怒、贪婪、懒惰、恐惧与其他类似情绪的影响。

当一个人借助工作而虔诚地崇拜我，他不带任何自私的动机，这样的人属于萨埵型人格；当一个人为了自我满足而工作，并借工作来崇拜我，他属于罗阇型人格；而一个人若是为了伤害别人而工作，而崇拜我，则他属于答磨型人格。

三德皆属于个体灵魂吉瓦（Jiva），并不会真的影响我——真正的自我。它们从心意中升起，那些生活在世间并由三德支配的个体，都会被深深束缚。

纯洁、安宁，并有启发力量的萨埵，当它战胜另外两类德性，人们就会变得快乐，富有美德和知识。当罗阇占主导，战胜萨埵和答磨时，执着与依附就会产生，复杂多元的视界将会出现，于是人们变得活跃冲动，开始追逐财富和名望，然后深受痛苦。答磨——以怠惰为特征，让心意蒙上无明的面纱，并使其丧失一切的分辨能力，当它战胜了罗阇和萨埵德性之际，人们将遭遇痛苦和妄想的摧残；他将活在徒劳的梦幻之中；他将变得残酷；在精神上，他又会陷入沉睡。

一颗自在愉悦的心，已经平复而得以控制的激情，冷静的身体，无所依恋与执着的头脑——这些都是萨埵影响下的结果。萨埵是一扇大门，一扇通往亲证至高之我存在的大门。

一颗躁动不安的心，未经抑制的激情，强烈渴望行动的身体，杂然不宁静的头脑——这些都是罗阇作用下的结果。

一颗倦怠而又颓废的心，无知又愚钝的大脑，沮丧与苦恼的身体——这些则是答磨德性导致的结果。

当萨埵占主导，光明澄澈遍在；当罗阇占主导，将会有激烈的行动；当答磨占主导，将会有层层未化的愚钝。

萨埵对应于觉醒状态，罗阇对应于昏浊状态，答磨对应于睡眠状态。图利亚（Turiya）状态——超意识状态，则存在于三者之内，又由于此状态与绝对自我同一，因此又超然于三者之外。

萨埵导向越来越高级的出生，一直抵达梵天的天球；答磨导致越来越低层次的出生，直至降为植物的生命；罗阇使其保持在人类的界限里面。

当死亡降临，以萨埵为主导的人将前往更高的天球；罗阇占主导的人则会返回到人间；至于答磨占主导的人，他降生时，就趋向于更低等的生命存在。但是，那少数超越三德的人将达至绝对的自我。

萨埵性质的行为是那些为了服务于我而做的，它不期待行为的任何回报；为了回报而做的工作，则是罗阇性质的行为；至于残忍的行为，则属于答磨性质。

更高的智性知识是萨埵性质的知识；物理与科学的知识，属于罗阇性质；被无知者与孩童共有的知识，则是答磨性质的。关于我，即神圣自我的绝对知识，则是彻底超越于三德之外的。

生活在大自然的无边森林之中，属于萨埵性质的居住；生活在乡村或城市里，属于罗阇性质的生活；而生活在赌场附近或里面，那就属于答磨性质的生活了。但是，生活在我的居所，则彻底超越了三德范畴。

无所依恋的行动者，属于萨埵性质；受执念蒙蔽的行动者，属于罗阇性质；不顾后果的行动者，属于答磨性质。但是，那些臣服于我的行动者则超越了三德。

萨埵性质的人以大我为信仰，罗阇性质的人以工作与行动为信仰，答磨性质的人以欺诈为信仰。然而，那些以为我服务作为信仰的人，他们超越了三德。

萨埵性质的食物有益健康，纯净，容易获得；罗阇性质的食物仅仅是美味而已；答磨性质的食物不洁，且有害健康。

由自我的冥想而升起的快乐是萨埵性质的，由感官而来的快乐属于罗阇性质的快乐，答磨性质的快乐则纯然来自妄想和怠惰。但是，直接从我的绝对知识而来的快乐，则超越了三德。

感官对象，与时间、空间、原因、知识、行为、行动者、信仰、状态、形式等一道，皆受制于三德。简而言之，通过心意和智性看见的、听到的或感受到的任何事物均为三德的变幻。

被三德捆绑的人，受制于业力法则决定的再生。那些克服了三德——它们只是心意关联于世界的显现——把爱奉献给绝对我的人，将抵达我的存在，并实现最终的自由。

因此，让智者为降生成人类而接受祝福吧，因为人类的诞生，一定会导向智慧和觉悟，放下对三德的一切依附，并虔诚地崇拜我。让他保持冷静，自律，远离一切偏邪的念头，只是崇拜我，仅仅培养萨埵德性，他就能够战胜罗阇和答磨的干扰。让他带着一种完全平静的心态，凭借萨埵本身来克服萨埵。人们因此而摆脱了三德的束缚，从私我当中得以解脱，抵达我的居所。

一个人若摆脱了私我意识，摆脱了三德的束缚，因而也就摆脱了心意的限制，在我，即梵，即遍在于一切的存在之内，发现了生命的终极圆满。他将不再受外在感官事物的任何干扰，也不再因游离不安的思绪而引起内在的烦恼。

第十九章
自由的灵魂

克里希那（继续说）

的确，既已降生为人——反映的就是我的形象——而又以爱臣服于我，他就升华了自己的存在而抵达我——完全喜乐的、遍及一切的灵魂。

当知识之光越来越稳定地照耀，他将摆脱错误的个体观念——私我意识。尽管他仍然生活在客观世界（即摩耶之显现）的三德之中，却并不依附于三德的对象——感官事物。绝对的自由属于这样的人。他的心灵永远与我联结。他内心平静，平等地看待一切。他无执着无依恋，也无私我的意识牵绊；通过超越二元对立，他获得了平静。

言说我的言说，聆听我的话语，他将变得纯洁。因为，听过我的话语之后，他们会树立起信仰，虔诚地献身于我。我是梵，是喜乐和绝对的知识，是一切优秀品质的宝库，那些学会了爱我的人，还要渴求什么呢，有什么饥渴不会满足呢？

这样的人就像是耀眼的火焰，驱散了暗夜，燃烧了所有的不洁净。已然觉悟梵的人，是所有一切存在者的最高避难所。他们就像是一艘巨大的舟船，渡载着无数人驶向不朽的彼岸。

正如食物维系着人类的生命——而我，这万灵之灵，正是一切苦难之人的避难所。唯有美德是来世的财富。故而一个自由的灵魂，是那些寻求生死解脱之人的避难所。

太阳照亮地球和天空，而圣人点燃神圣的智慧之火，照亮了人心。他是人类真正的朋友，他是阿特曼，他就是真正的自我。

第二十章
亲证神性之路

克里希那（继续说）

不要赞扬任何人的性格和行为，也不要刻意贬低他们。把整个宇宙看成是原人和原质结合的产物，永远与神合一就是了。

那些随意褒贬别人的性格和行为的人，他的心灵往往偏执于虚妄，并因此而迅速远离了完美的灵性境界，——而本来深处此一境界者，是能够在一切存在中看见神性的。

这就好像是——身体的感知被睡眠压制，外在的意识一旦丧失，一个人就会陷入梦境或遗忘而自失的状态；所以，在一个有限的世界里面，一个人是这样的：要么做梦，梦见宇宙生命；要么看见无穷无尽的表象，在纷繁芜杂的表象当中，他正在被黑暗与妄念所吞噬着。

这个有限的世界，并没有绝对的实体。那么，在这一有限的世界之内，存在任何绝对的善或恶吗？没有！你们舌头所发出的任何声音，心意所生成的任何幻想，本质上都没有终极的实在性。[①]

觉悟到神性，觉悟到阿特曼，亲证那唯一者，那宇宙灵魂的人，他从来不会褒贬任何一个人。就像高悬天宇的太阳，总是公正无私地遍洒它的光辉，这样的人，他也会平等地看待所有的存在者。他以自由的灵魂穿行在人世间，已经解除了所有对世界的依附。

乌达瓦

神啊，宇宙是为了谁而相对存在着？我想，它不可能是因为阿特曼，因为自我（即阿特曼）是自行发光者，他永恒不变，超然，纯粹，毫无匮乏；它也不可能是为了身体而存在，因为身体只是物质的，缺乏智性，并无认识能力。然而，毫无疑问，这相对的存在也确乎存在着，那么，它究竟是为谁而存在的呢？

---

① 此一章的开篇，以及吠檀多中的类似段落，有时会被误解。在《室利·罗摩克里希纳的一生》（*Life of Sri Ramakrisna*）这本书中，提到一个伪圣人（pseudo-saint）曾有一段时光生活在达克尼斯瓦（Dakshineswar）庙宇中。这所谓的圣人常常教导并宣称宇宙的不真实性。但他却沉溺于世俗的恶习当中。一天，室利·罗摩克里希纳问他为什么如此地不负责任，一边生活放荡，一边又穿着圣人的衣服。他回答说："美德和恶习都是不真实的，因为宇宙是不真实的；我是阿特曼，无物能够触及我。"室利·罗摩克里希纳回应他道："如果这是你的吠檀多，我立刻对它吐唾沫。"类似伪圣人的，这种对吠檀多的曲解式的教导，在印度被称为"消化不良的吠檀多"。

吠檀多哲学确实否定了善与恶的真实性：但它否定的是"绝对性"，而不是"相对性"。在相对的或有限的现实层面，吠檀多是承认善恶的存在，承认美德与邪恶的并存的，承认个人要对自身行为的品质负责。在那个层面上，业力法则起着作用，是不可避免的。——原注

克里希那

无分辨力的人，他们无视真正的自我，反而会将自我，即阿特曼等同为身体、感官和宇宙的普拉纳能量。这些相对的存在，尽管根本没有实在性，却表现为一种真实。它就像人类的梦，似乎也在经历一些真实的经验，这样的无知者，当他沉浸在虚幻的想象中，就会错将影子认作为实体。

正如人在梦境中经历种种的困难，等他醒来之后这些梦境就不再成为他的困扰；同样地，悲伤、喜悦、恐惧、愤怒、贪婪、迷恋，还有其他的种种情感，以及生死海的经验，这些对于一个依附于私我意识的人来说，都是真实的，但是，只要他知晓了阿特曼——即真正的自我之后，这些就不能够再迷惑他了。

作为个体的人，即阿特曼联结了身体、感官、呼吸和心意，并与这一切发生了认同。这样的个体，他就会被种种行为和三德束缚住。随着时间的流逝，他将徘徊在无尽的生死之间，永恒轮回。

心意、话语、呼吸、身体和行动，尽管它们没有绝对的实在性，却总是以各种各样的形式和特征显现出来。智者通过对古鲁的崇拜，磨砺了他的智慧之剑，又用这柄智慧之剑斩断所有的依附与执着，就这样，得到彻底的解脱之后，他就在大地上任意游荡、随意穿越。

唯此，太初时即已存在，万物终结时依然存在；唯此，才是宇宙的起因和显现——此即唯一者，他是绝对的存在。人们怎么知道这一真理呢？——通过研习经典，推理与苦行，以及直接亲证的灵性经验，与智慧的洞见。

正如黄金是饰品的前身，等饰品熔化时又还原为黄金，即使在中间阶段，它也被做成了各种样式的饰品，它的本质依然是黄金。同样，我和宇宙的关系也是如此——我过去是，将来是，现在也是。

只有超越的存在是真实的，宇宙正因为此一存在而得以存在，[①]而宇宙消亡时，此一存在依然存在着。

既不存在于开始，也不存在于结束，而只存在于中间的事物，其实只存在于表象之中。它们仅仅是名称和形式。的确，超验的存在涵盖一切，由它引起和揭示的经验，只能是那个存在本身。

梵，他是自存者和自我发光者。只有他存在。变化的宇宙在一开始就是不存在的，但是，由于梵的罗阇能量起了作用，它看起来又好像是当真存在着的一样。

表象是不真的，向智慧的导师请教这一点吧。求助于通往梵知的那条道路，消除对自我所有的疑虑，让自己从感官的世界——世俗欲望的种种根源之中——解脱出来，以充满至福的自我为乐。

分辨表象和实相。阿特曼，是自我，是实相，不同于表象、身体、感官、心意、智性、私我、精微和粗糙元素。

那些觉悟者，他们全然知晓我的存在，无关乎这（由三德组成的）感官，究竟是朝内还是向外。正如对太阳来说，云层的聚散又有什么重要的呢？

就像以太不受四季更迭之影响一样，这不同于私我意识的，永恒不变的，且不可摧毁的自我，也完全不会受萨埵、罗阇和答磨的影响。但是，如果人们认同自我为三德，就会陷入无边的生死轮回。

---

① “彼一发光，万物皆发光。”——《卡塔奥义书》（*The Katha Upanishad*）；“他是呼吸的呼吸，是眼睛的眼睛。”——《广林奥义书》（*The Brihadaranyaka Upanishad*）。——原注

世俗之物，就是摩耶的产物，人们只有通过虔诚地奉献于我，才能摆脱依附这种心灵上的瑕疵，才能真正地避开世俗之物的染污。[1]

就像一切的旧疾一样，如果没有妥善处理好，就会常常复发，困扰着人们的生活；过去的习惯和积累在心意中的依附性倾向，如果没有完全得以消除，在瑜伽修行者与客观世界接触的过程中，它们就会反复出现，反复来折磨他。

事实上，甚至连众神都很羡慕瑜伽士，因为瑜伽士可以抵达梵界而超越了众神。于是，他们趁其不备，用各种方式来误导他。但是，由于过去的习惯积累之倾向，以及众神施加在精微层面的影响，瑜伽士如果不能完全释放心灵的依附，只有在他的下一世才能成功实现瑜伽目标的话，那么，他此生的奋斗，也将在来生结出果实。

无知之人，依附于身体，受制于过去行为导致的印记和倾向，深受业力的捆绑。然而，智者的欲望已然熄灭，他就不被行为所左右，超越了业力的法则，尽管他仍然居住在身体里面，尽管他的感官仍然穿梭在所有的感官物质之间。因为他已经领会了所有物质界的虚空，并在多样性中看见了唯一者，那无限的神。他就像是从睡梦中突然惊醒过来的人，清楚刚才的一切，只是一个梦境而已。

在无知的夜色之中，在他找到光明之前，各种各样的行为——三德的作用，似乎都依附在自我之上。当知识的黎明来临，它们渐渐趋于消散。然而，阿特曼始终不受影响，他既不会在无明中被行为污

---

① 这一观点也可以这样表达：虽然没有污点可以污染永远纯洁的阿特曼，但我们必须清楚，我们也不能按照自己的意愿任意行事。我们必须通过自我控制和自我约束来净化心灵，并以此超越功过，也只有这样，我们才能领会永远纯洁的阿特曼。——原注

染，也不会在知识中变得更加纯净。阿特曼本身即是永恒纯洁者。

正如初升的太阳驱散了人们眼中的黑暗，原本藏在暗处的事物，也被清晰看见了；而知识的黎明消除了人们智性中的邪恶，揭示了阿特曼。于是，人们开始知晓自己本身即阿特曼，阿特曼就是他们自己。

阿特曼是自我发光者，无死也无生；他是存在，是绝对的知识，是眼睛的眼睛，且独一无二。他超越了言说。所有身体的能量因为他而发生作用。除了无限的自我存在，这有限的、多元的宇宙确乎是不存在的。有限是对无限的有限性的解读，误以为有限。在无限的自我之中，只看到有限的世界，这是心意识的错觉。

瑜伽练习有助于觉悟这一自存的神性自我。遵循瑜伽之路的瑜伽修行者，若是不能熟练运用身体而致病，他就必须学习，通过诸如禅定术、呼吸法、体式、苦行、曼陀罗以及药物等方法来治愈自己。精神疾病，比如贪婪、欲望、傲慢、虚荣等，则需通过冥想我、唱诵我的名字，以及服务于伟大的古鲁而得以治愈。那些为了获得健康、获得青春永驻，甚至为了得到超能力而练习瑜伽的人，其实已经步入迷途；而借由智慧的分辨，则能避免这样的行为。事实上，这样的行为总是徒劳的，因为生命是那么有限。人们应当只为了服务于我、为抵达我的存在而去渴望健康、渴望力量才好。

练习此一瑜伽的修行者，已经臣服于我，除了我之外，他们无欲无求，不被任何事物所诱惑、所阻挠。他的喜乐永远不会减退一分一毫。

第二十一章
乌达瓦前往巴达利卡修道院

乌达瓦（对克里希那说）

我想，对那些尚未成为感官之主的人来说，练习这一瑜伽是很有难度的。请传授给我一些更简单的方法，如何方便于我抵达至高的目标。

拥有莲花之眼的唯一者啊，你知道的，苦苦挣扎的灵魂常常会陷入沮丧之境，因为一个人若不能以其真挚的爱臣服于你，他的内心就必定得不到平静，会在徒劳的努力中精疲力竭。

因此，宇宙之主啊，那些领悟了宗教精神的圣人，带着愉悦的心庇护在你的莲花双足之下，赐予他们不可言喻的喜悦。譬如摩耶运作起来，这类神秘的力量也不能约束他们。

哦，你是所有人的朋友，你确实毫无保留地把自己献给了信徒们，你是他们唯一的避难所。即使是天神和天使，或者地球上最伟大的统治者，在你的脚边堆满财宝和王冠，你依然不拒绝做卑贱者的朋友。

哦，亲爱的主神，万物的灵魂，你确实帮助那些投靠你的人实现了愿望。如果知晓你是如何爱你的信仰者，谁会拒绝爱你呢？如果一个人只渴望世俗的享乐和财富，而另一个人则渴望摆脱这一切，你却同时是他们共同的庇护所。除了你，他们还会崇拜谁？对你脚下的尘土都无比珍爱的人，他们还有什么愿望实现不了呢？

你既是外在的古鲁，你也是内在的灵魂，你清除了人们心灵中的一切杂质，为你的信徒们揭示了你的王国。没人能够偿还你对他的恩情。一想到你的无上恩典，人们的内心便会充满日益增长、无有穷尽的快乐。

克里希那

现在，我将告诉你简便易行的灵性修习方法。如果一个凡人能够虔敬地修习此一方法，他也将一样能够征服死亡，征服不可战胜的死亡。

保持内心的平静，学习持续地念想我，将你的职责作为对我的奉爱服务，以全部身心和灵魂臣服于我，你将会发现，跟随我的信心之路是喜乐的。生活在圣人的群体之中，即我的信徒组成的社会之中，效仿他们的行为。当你的心灵得以净化，你将在你自己和万物的心灵中看见我的存在——即遍在一切的阿特曼。

高贵的灵魂啊，请开启出你神圣的视野吧，像待我一样地看待并尊重所有的存在者。智者平视一切，并在万物的心中看见唯一的居住者——神。要去深入沉思每个人身上所呈现的关乎我的神性，你将摆脱一切的竞争、嫉妒、仇恨与私我的意识。

知梵者视一切为梵，并在一切之内看见梵。视一切存在者为自我，并在思想、语言和行动上形成相应的对待它们的行为——这是崇拜我最好的方法。这也是智者的智慧和洞察力，通过它们，在此生——虚幻和易逝的世界中存在——人们也能抵达真实且永恒，抵达我。

我已告诉你关于梵的崇高真理，知晓这一真理之后，人们不再有任何的疑惑，并将实现他的自由。

如果有人向我的信徒们充分传递这一知识，我将向他揭示出我自己，因为他传授着至高的知识。通过高举知识之灯，并展示给他人，他自己也将得到净化。此外，每天平静地聆听这些神圣而又纯净的关于自我真理的人，虔诚地崇拜我——他也不会被短促的生命所限制。

我的朋友，乌达瓦，你真的理解梵吗？你真的摆脱了迷恋与悲伤吗？

对于真正的知梵者，没有什么是真正可学的了。用甘露解渴的人，不会再去渴望其他的饮品。

当一个人放弃了所有的依附，已经彻底臣服于我，他将体会到与我合一的经验，并抵达不朽之境。

当乌达瓦被如此教导瑜伽之路，并听着至尊无上的室利·克里希那的每一句话语时，他的眼里已经饱含感恩的热泪，因爱而哽咽。他合掌静默，良久不语。

他感觉自己是无比幸运，控制着那激动的心情，用额头轻轻碰触克里希那的莲花双足，内心感动。于是，他合上了双掌，开口说道：

乌达瓦

你的存在，宇宙之主啊，已经为我消除了心中的一切妄念。难道黑暗和恐惧的凛冽，能够侵袭已经站在烈火与光明之中的人吗？

你已将你的恩典——知识之灯，亲授于我，你的仆人。既然已经享受在你的恩典之中的人，怎么会舍弃你而去寻求别的救赎之路呢？

向你致敬，伟大的瑜伽之主！请告诉我，谁已经有幸生活在了你的庇护之下，我如何才能在对你的莲花双足的信仰中得以成长呢？

克里希那

去吧，乌达瓦，听我的命令，到我的隐居地巴达利卡去，只要一见到从我足边流淌出来的圣河阿拉卡南达（Alakananda），我亲爱的朋友，你所有的罪孽都将被彻底清洗。用圣河之水沐浴，或仅仅是触碰这些河水，你就会得到净化。在那里，以树皮为衣，以树根与野果为食，弃绝享乐，在任何艰难困苦中持有不屈的韧性，冷静镇定，控制感官，保持专注，拥有知识、获得觉悟，沉思我的教导和你的所学，让你的言语和心意皆以我为标杆，遵循我的道路。届时你将超越三德之限制，并抵达我，至高无上者。

经过这样一番教导，乌达瓦一想起克里希那，世俗的妄念就烟消云散。他在辞别之前，将自己的头置于他的莲花双足之上，用爱的泪水清洗它；尽管他已超越了世俗的快乐和悲痛，但是，只要一想到自己要与挚爱的克里希那分离，内心就充满了悲伤。只有极强的努力和理性才能让他离开克里希那。最后，他向克里希那反复致敬，给自己穿上了主人的拖鞋，[1] 依依不舍地离开了。

于是，乌达瓦将克里希那供奉在自己心灵的殿堂之中，孤身前往巴达利卡，并谨循他的古鲁——宇宙唯一的朋友之教导，这位伟大的信徒抵达了与挚爱的诃利之神合一的境界。

克里希那，他的莲花双足，即使是最伟大的瑜伽大师也是要崇拜的，他赐给虔诚的乌达瓦这些知识的无上甘露，内心纯粹者，只是以真挚的信念和爱来啜饮这些甘露之人，他们不但能够让自己得以解脱，还能够为全世界带来自由。

圣典的揭示者，带领我们摆脱生死的恐惧，从吠陀经典的浩瀚大海中为我们提炼知识的精华，留给我们实实在在的智慧之甘露，他将这些智慧赐给他的仆人饮用，让他们就像处在生命之泉的不朽源头一般；那个原始的，永恒的，完美的存在，就是众所周知的室利·克里希那——我们要向他一拜再拜，再三礼敬！

---

① 这一动作象征着他对主的虔敬与谦卑。——原注

第十二书

引言

就这样，苏塔歌人讲述了以上的这一切故事。然后，他继续讲述叔迦和环住王之间关于不朽的对话，以及环住王的寂灭。

第一章
叔迦教导环住王神圣的智慧

叔迦（对环住王说）

哦，国王，那些冥想内在之神的人有福了，因为他们是纯洁的。在心灵的圣殿敬拜神，称颂他的名字，并向他一再祈祷，歌唱他的无上荣耀，能够这样做的人确实是有福之人，因为他们已经清除了所有的邪恶。就像火焰能够清除黄金上面的渣滓一样，只要冥想居住在灵魂里面又遍在一切之中的神，人类的心灵就能够清除掉邪恶的欲望。

国王啊，如果说，你曾以为自己始终要面临死去这样一件事情。那你要知道，这并不是真实的，这是无缘由的一种恐惧。你应当胆壮起来，需要鼓足勇气。只有身体才有开始与结束：你的本质超越身体，比它要伟大很多。对你来说，死亡并不存在。

你是不朽的，这种不朽，既不像种子活在参天大树之中，也不像前人活在子女以及子子孙孙的身上，而是生活在自我之上，这是区别于身体的一种存在——就像火和木材之间的区别。阿特曼，不同于身体，他不生，也不死。

你在死亡之外，永恒不变。

要有辨别力，并需要认识真正的自我。

深思自我，这无所不在的存在。

你要这样冥想——“我是至高的梵”，以此觉悟到你与神的合体。死亡威胁不到你，无法伤害你分毫。你的双足可以踩在死神的头上。

叔迦，这伟大的知梵者，他向环住王教导这一神性的智慧。而国王洗耳恭听，俯身拜倒在圣人叔迦的足前，然后双手合十，他说道：

“尊敬的导师啊，我竟然是如此有福之人。我不知道应该如何感恩你。你出于内心莫大的怜悯与仁慈，为我揭示了这一切，也为所有受苦受难的世人，显示出了无上的爱与慈悲。

“你为我开启出了如此神圣的经典，它们言说着神圣的荣耀、神圣的爱和神圣的智慧。我不再惧怕死亡了，因为你已为我指明了通往梵界的道路，再无畏惧。

“我已领会了我该领会的一切。一旦有你的祝福相伴，我就能够控制好我的感官与感官世界，并带着我所有的渴望和雄心，专注于自己选择的化身——克里希那的莲花双足，而这是一扇大门，它通往神性的视野，促成与那遍在一切的梵的最后合一。

“我摆脱了所有的妄想，坚定地站立在知识之上。你已经为我指明了通往至善的道路。”

这位纯洁的、自由的、智慧的叔迦天人，与这次集会中的其他圣人一同离开了国王。国王则面朝北面，独自坐在神圣的恒河岸边。这位伟大的瑜伽士，他慢慢地让躁动的感官沉静下来，深深地专注于冥想，沉思他所选择的化身，那灵魂中的灵魂。最终，他从肉身意识中摆脱出来，他的心意就与梵合为一体。

年轻的婆罗门对他的诅咒——国王将被蛇咬死——开始应验了。时刻到了，国王要放弃他的身体，并收获绝对的自由。现在，正如预言所示，蛇王塔克沙卡（Takshaka）出现了，把它的毒液注入国王的体内，国王的身体消融了，化成了五大元素，回到它的来处。

第二章
告别词

彼时，那位苏塔歌人在圣人们的陪伴之下，以《薄伽瓦谭》的荣耀结束了他的鸿篇大论。于是，在森林之中，这位苏塔歌人总结了他对圣人们讲述的《薄伽瓦谭》：

“圣典《薄伽瓦谭》的教义常闻常新，它永远鼓舞人类的心灵。室利·克里希那神圣的生命故事实在发人深省；它能够驱散人生中的悲痛，引领人们去觉悟神的爱。唱诵他的名字能够让人变得更加圣洁。持续念想室利·克里希那的莲花双足能够净化人心，驱走邪恶，滋养真正的爱和最高的智慧。

“哦，圣人们啊，你们就是世上最美好、最高贵的人，因为在你们心灵的那座圣殿里面，时常默想并敬拜那万王之王、万灵之灵。

“来到这样一个神圣而秘密的静修林，进入你们神圣的社会中，我想起了那天在环住王面前的圣人集会上，我从叔迦天人口中直接听到的关于神的真理。

“我真诚地为你们复述出来的《薄伽瓦谭》，它就是吠檀多的精髓。只要人们阅读或虔诚地聆听它里面的教导，他就能够摆脱一切的邪恶，并得到智慧的启示。它对神的爱人们来说，就是无与伦比的珍宝。一切知梵者都是带着满腔的虔敬之情来研习它。因为里面所蕴含的真理是如此之纯洁；这些真理能够净化所有触碰过它的人！

“在时间之初，这些真理揭示给了首现者梵天。梵天在纳拉达和毗耶娑面前擎着知识之灯。毗耶娑在他的儿子叔迦——那位伟大的瑜伽士的心中点燃了真理之火。叔迦天人则将圣光传递给俱卢族的国君环住王。

“愿我们冥想梵，冥想它的纯洁、无忧与不朽，它是一切启示的源泉！

“让我们向挚爱的神——室利·克里希那致敬！

“让我们向瑜伽的王子——叔迦天人致敬！”

唵（OM），斯里–拉玛克里斯纳帕南–阿斯图（Sri Ramakrisnarpanam astu）。

唵（OM），和平，和平，和平（Santih.Santih.Santih）。

译后记

按照印度人的神秘传说，人类历史乃是顺着克里希那的离世，而进入了末法的卡利纪年，所以，关于克里希那的生平与话语的记忆，乃是黄金时代以降，黑铁时代以前的最后一份完整的灵性信息，故而彼时的人们为了回忆克里希那的往事，讲述他的神性智慧，便在大雪山南麓的飘忽林中举行了一千年的火祭，才有了《薄伽瓦谭》里面甘露一般的文字，有了《薄伽梵歌》的哲学诗与里面"离别之歌"的最后遗言。而印度文化典籍虽是卷帙浩繁，但与克里希那的信息最密切相关的典籍，主要信息就在这里了。

《薄伽梵歌》早就有了中文译本，而如今，《薄伽瓦谭》也渐渐为我们所知，而此一译本，就是后者的精髓所在，加之里面有印度近代圣者斯瓦米·维韦卡南达（又译辨喜，Swami Vivekananda）的笔意蕴蓄其中，故而每每读到，十分令人惊喜，无比欢悦。望读者自加留意，此处不表。

印度人说，这部圣典与伟大的《薄伽梵歌》一样，皆如太阳一般放出灿烂无尽的光芒，都是自薄伽梵的心髓中流出，升起于克里希那离逝之后的黑夜中，如同晨星闪烁。当叔迦仙人讲述《薄伽瓦谭》之时，门弟子苏塔歌人彻底参透了其中的超然秘义，并重新加以讲述，智慧与爱的时轮就继续转动起来，故而有了我们当代的阅读福分。今日，它又继续转动，化成了眼前的中文，人们可以继续阅读着、讲述着苏塔歌人所听闻到的、所亲悟到的有关神与人的故事，借此，人们可以克服卡利年代的黑暗魔力之侵袭，从而充满了由神性发放的爱之光芒。

因为这部经典足以开启出神圣的意识。所以，只要我们愿意驻足、愿意专注地倾听《薄伽瓦谭》里面的甘美话语，神性就会充盈人们的心胸，再无昏惑的人世迷局。爱，确实是人类最普遍的情感，所以，每一个人对此书的阅读，也当与此书发生不同程度的情爱共鸣。而翻译此书的我们，翻译本身就类似于一场心灵的朝圣与洗礼，也给了我们诸多难以言喻的感动与启迪。我们常想，大概我们每一个人都是生命道上的流浪者吧，只是有一些人深度迷失，最后无影无踪，而有一些人则一直怀着“永恒的乡愁”，在寻觅着家园与终极的归宿；而对理想家园的存在之笃信、对神圣世界的爱情之守望，都是让我们在这些飘忽林一般的人世虚空中，找到可以罥绕的线轴，如同庄周所讲述的“道枢”一般，形成精神的轴心，再不感到飘荡、不感到无从依怙。

是书神圣，翻译中必有诸多不妥之处，还望读者诸君与高明者不吝赐教！

现代世界由印度贡献出来的虔信派大诗人泰戈尔堪称一位睿智而又深情的瑜伽士，我们用他的文字来收尾，应该是适切的，让我们一起扎根于遥远的存在与此时此刻的世界，从经典中汲取智慧和爱的养分，如同畅饮着无上的美酒，一起启程、一起归巢：

“让我所有的诗歌，汇聚成一股曲调不一的洪流，在我向你敬拜之际，让它能够注入那一片寂静的目的之海。如同一群思乡的天鹤，在日夜兼程地飞回它们的巢穴；在我向你敬拜之时，也让我全部的生命，能够得以启程，返回到它那永恒的家园。”

鲜花与美酒的杯盏

XIANHUA YU MEIJIU DE BEIZHAN

This book is the Chinese translation of Srimad Bhagavatam: The Wisdom of God by Swami Prabhavananda,originally published by Sri Ramakrishna Math,Chennai,India.

著作权合同登记号桂图登字：20-2024-180

图书在版编目（CIP）数据

鲜花与美酒的杯盏 / （印）斯瓦米·帕拉瓦南达著 ； 陈亚妮， 闻中译 . -- 桂林 ： 广西师范大学出版社， 2025. 1. -- （梵澄译丛 / 闻中主编）. -- ISBN 978-7-5598-7529-7

Ⅰ. G02

中国国家版本馆 CIP 数据核字第 20247V9Z96 号

广西师范大学出版社出版发行

广西桂林市五里店路 9 号　　邮政编码：541004

网址：http://www.bbtpress.com

出版人：黄轩庄

全国新华书店经销

北京博海升彩色印刷有限公司印刷

北京市通州区金桥科技产业基地环宇路 6 号

邮政编码：100076

开本：710 mm × 960 mm　1/16

印张：21　　字数：220 千

2025 年 1 月第 1 版　　2025 年 1 月第 1 次印刷

印数：0 001~5 000 册　　定价：69.00 元